vous et votre
ÉPAGNEUL BRETON

Couverture
- Conception graphique: Nancy Desrosiers
- Illustration: Anik Lafrenière
- Photos: Maryse Raymond

Maquette intérieur
- Photos: Maryse Raymond

Conseiller canin
Centre de coordination canin, équin et félin
Danièle Leduc

Les chiens appartiennent à l'élevage des Grands Vents, propriété de Serge Labelle.

DISTRIBUTEURS EXCLUSIFS:

- Pour le Canada et les États-Unis:
  LES MESSAGERIES ADP*
  955, rue Amherst, Montréal H2L 3K4
  Tél.: (514) 523-1182
  Télécopieur: (514) 939-0406
  * Filiale de Sogides Ltée

- Pour la Belgique et le Luxembourg:
  PRESSES DE BELGIQUE S.A.
  Boulevard de l'Europe 117
  B-1301 Wavre
  Tél.: (10) 41-59-66
       (10) 41-78-50
  Télécopieur: (10) 41-20-24

- Pour la Suisse:
  TRANSAT S.A.
  Route des Jeunes, 4 Ter
  C.P. 125
  1211 Genève 26
  Tél.: (41-22) 342-77-40
  Télécopieur: (41-22) 343-46-46

- Pour la France et les autres pays:
  INTER FORUM
  Immeuble ORSUD, 3-5, avenue Galliéni, 94251 Gentilly Cédex
  Tél.: (1) 47.40.66.07
  Télécopieur: (1) 47.40.63.66
  Commandes: Tél.: (16) 38.32.71.00
                    Télécopieur: (16) 38.32.71.28
                    Télex: 780372

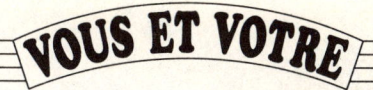

ÉPAGNEUL BRETON

Sylvain Herriot

Collection «Nos animaux»
dirigée par Odette Eylat

© 1990, Les Éditions de l'Homme,
une division du groupe Sogides

Tous droits réservés

Dépôt légal: 4ᵉ trimestre 1990
Bibliothèque nationale du Québec

ISBN 2-7619-0928-3

*À Jean-Louis et à Claude Michel
ainsi qu'à leurs héritiers,
très affectueusement.*

La carte d'identité

L'Épagneul breton constitue sans contredit le chien de chasse par excellence.

Ses origines

L'origine du mot *épagneul* est très controversée encore aujourd'hui. Au fil des ans, deux clans irréconciliables se sont formés, chacun étant certain de détenir la vérité.

Les premiers avancent l'hypothèse que le mot *épagneul* serait une déformation du mot *espagnol,* et ils en déduisent tout naturellement que tous les Épagneuls de race française auraient leurs origines en Espagne.

Les seconds prétendent que le mot *épagneul* découlerait de «*s'espanir*» ou «*s'espaignir*», ce qui voudrait dire, en vieux français, s'étendre ou se coucher.

Cette deuxième hypothèse semble être la bonne puisque d'une part, en Espagne, les Épagneuls sont appelés «chiens anglais» et, d'autre part, au Moyen Âge on a d'abord nommé les chiens d'arrêt «chiens couchants», cela afin de les différencier des chiens courants.

En ces temps-là, on chassait la perdrix et le faisan à l'aide d'un filet. Le chien cherchait à détecter le gibier et dès qu'il l'avait découvert, il s'aplatissait immédiatement au sol. Les chasseurs lançaient alors leur filet qui emprisonnait et le chien et les oiseaux.

Ces «chiens couchants» seraient, dit-on, les chiens d'Oysel qui ont été décrits au début du XVe siècle par Gaston Phébus dans son *Traité de chasse.*

La plupart des cynologues considèrent donc le chien d'Oysel comme l'ancêtre probable de l'Épagneul breton. Cet ancêtre aurait donné, grâce à différents croisements, les Épagneuls, les Spaniels et les Setters.

L'Épagneul qui, au XVIe siècle, était dispersé dans toute la France se fit donner le nom d'Épagneul français, mais lorsque sa concentration devint plus grande en Bretagne, on lui donna le nom d'Épagneul breton, appellation qui lui est restée depuis.

On peut voir ce chien dans certaines toiles du peintre Rembrandt (XVIIIe siècle), mais il est anoure (sans queue) et son museau est plus pointu.

Les croisements les plus importants se firent au début du XIXe siècle avec des Setters anglais, des Setters irlandais et même avec des Pointers, ce qui l'alourdit et lui fit gagner quelques centimètres en hauteur. On dit que son odorat s'améliora sensiblement grâce à ces croisements.

On commença, à cette époque, à parler d'un petit chien dénommé Épagneul de fougères qui devint l'ancêtre le plus récent et le plus proche de notre Épagneul breton.

Le cynologue J. Oberthur prétend que ce sont les âpres landes bretonnes qui modelèrent notre chien; il le nommait «choupille» et il disait que les Épagneuls bretons avaient probablement emprunté quelques-unes de leurs qualités, dont la rapidité et la finesse du nez, aux chiens d'arrêt d'Angleterre. Ce «choupille» était un véritable chien de terroir, formé à des terrains variés et difficiles comme les bocages où alternaient taillis, haies et friches qui étaient les territoires préférés des bécasses. Ce petit chien n'avait pas encore de standard et on se contentait de lui demander de remplir au mieux sa tâche. Il était même soupçonné d'être un peu bâtard (dans le sens de demi-sang) et d'être un amalgame de petit Épagneul provenant d'une terre aride et de magnifiques pur-sang. C'est probablement la raison pour laquelle le grand spécialiste des chiens, Le Coulteux de Canteleu, s'entêta à l'ignorer et n'en parla que par inadvertance comme d'un «vague chien de Bretagne».

Curieusement, les passionnés de ce chien se sont moins intéressés à garder la race pure qu'à obtenir un type homogène à partir d'une population qui avait fait ses preuves au travail, mais dont l'aspect était bien hétéroclite.

Le petit Épagneul breton fut une des rares races à pouvoir s'imposer face à la sélection d'élite de grands éleveurs tels Laverack, Korthals ou Llewellyn, ou à la sélection à grande échelle des Allemands.

Le premier «Breton» à être enregistré à partir des expositions de 1898 fut un certain «Boy», en 1901. Mais l'Épagneul breton n'était pas encore considéré comme étant une race. Dans un premier temps, des amateurs amoureux de ce petit chien intelligent, dont d'illustres personnalités tels MM. de Cambourg, Treutel, Mégnin, de Pontavice, Gastel et Patin, se rassemblèrent pour créer un Club de race en 1907. Quelques mois plus tard, un standard fut élaboré par le docteur vétérinaire Grand-Chavin et fut présenté à maître Énaud, qui fut le premier président du Club de l'Épagneul breton à courte queue, à Guingamp, en Bretagne.

Ce ne fut que l'année suivante que la race fut officiellement reconnue au moment de l'affiliation de ce club de race à la Société centrale canine française.

Mais l'Épagneul breton n'était pas pour autant sorti de sa Bretagne natale; il fallait le faire connaître dans toute la France. Les amateurs éclairés n'eurent de repos que lorsque la race devint définitivement homogène. Ce ne fut qu'à ce moment-là que l'Épagneul breton commença à être reconnu: en 1930, une section parisienne du club fut fondée et, dans une étude faite par le commandant Garnier, on mentionnait que la création de cette filiale contribua grandement au développement de la race en France.

C'est pendant l'entre-deux-guerres que notre Épagneul breton remporta des prix lors des compétitions de *field trials,* ce qui amena les chasseurs et les cynophiles à reconnaître les qualités de ce chien.

Il existe deux versions quant à l'introduction de l'Épagneul breton en Amérique du Nord. La première hypothèse prétend qu'un Français du nom de L.A. Thébaud, résidant au New Jersey (États-Unis), fonda un Brittany Club. La deuxième version veut qu'un Mexicain du nom de Juan Pugibet ait été le premier importateur d'Épagneuls bretons en Amérique du Nord. Par la suite, d'autres amateurs de chasse, certains aux États-Unis et d'autres au Canada, attirés par cette race, importèrent eux-mêmes des Épagneuls bretons.

C'est au cours des années vingt que, grâce à la popularité grandissante de l'Épagneul breton, la race fut reconnue par le Cercle canadien du chenil et l'American Kennel Club.

La renommée de l'Épagneul breton continua de grandir après la Deuxième Guerre mondiale. Ce chien devint alors ce qu'il est encore aujourd'hui: un des meilleurs chiens de chasse, une des premières races françaises.

L'Épagneul breton est un des chiens français les plus répandus dans le monde. L'Amérique du Nord compte la plus forte population: de quinze à vingt mille naissances par an, soit, imaginez-vous, quatre fois plus que dans son pays d'origine!

L'Italie, qui a son propre club depuis 1959, enregistre plus de trois mille inscriptions annuelles et constitue l'un des plus solides fiefs de la race. L'Épagneul breton est aussi populaire en Belgique qu'il l'est en Suisse, aux Pays-

Bas, en Allemagne, au Danemark et même en Norvège et en Yougoslavie. Seule la Grande-Bretagne l'a boudé et nous n'essayerons pas de vous expliquer pourquoi, car vous l'avez certainement compris...

Et puisque nous en sommes à parler des îles britanniques, nous vous proposons une autre théorie quant à l'origine de l'Épagneul breton: il faudrait rechercher ses origines du côté de l'Épagneul français, lui-même descendant du chien couchant du Moyen Âge et de Land-Spaniels introduits en France par les Celtes chassés d'Irlande et du pays de Galles par les invasions saxonnes.

Si l'Épagneul breton est resté le chien de chasse par excellence pour tous ceux qui pratiquent ce sport, il est devenu, pour les citadins, un chien de compagnie plein de douceur et de tendresse, heureux de vivre une vie familiale, l'important, pour lui comme pour la plupart des humains, étant d'être aimé.

Avant de faire l'achat d'un Épagneul breton, il serait bon que vous consultiez un conseiller canin qui vous guidera dans votre choix. Il tiendra compte de votre mode de vie et de ce que vous attendez d'un chien, vous aidant à évaluer sagement, sans précipitation ni préjugés, les enjeux de votre décision. La personnalité de l'Épagneul breton risque-t-elle de se heurter à la vôtre? Son tempérament vous énervera-t-il? Aurez-vous suffisamment de patience et de temps pour vous occuper de lui? Disposez-vous de l'espace nécessaire à ce chien, toujours en éveil et très actif.

Grâce au conseiller canin, vous serez certain d'avoir fait le choix le plus judicieux, et les surprises désagréables vous seront épargnées.

Nous vous proposons plus loin une série de tests, en particulier le célèbre test de Campbell, que vous pourrez faire passer à votre Épagneul breton vers l'âge de sept semaines, afin de mieux cerner ses tendances fondamentales. Vous pourrez également demander à votre conseiller canin, qui vous accompagnera lors de l'achat du chien, qu'il lui fasse lui-même passer ces tests.

Ce ne sera pas de l'argent dépensé en vain car vous serez certain, ainsi, d'avoir près de vous un chien sans problèmes majeurs et digne de confiance. Votre Épagneul breton est un chien particulièrement robuste et d'un entretien facile ne demandant que peu de soins d'hygiène. Grâce au dressage, vous pouvez en faire, si vous le désirez, un chien de garde et de protection. Le dressage devra être fait avec intelligence et fermeté si vous voulez que votre compagnon devienne l'un des chiens les plus fiables qui soient. Nous aborderons la question du dressage dans un des chapitres de ce livre. Si vous achetez un Épagneul breton pour en faire un chien d'arrêt, sachez que vous avez fait l'acquisition de votre vie: c'est le meilleur!

Les traits de caractère de l'Épagneul breton

Ses qualités

Quelle que soit la raison de l'achat d'un Épagneul breton, sachez que vous avez fait l'un des meilleurs choix.

Si vous êtes chasseur, vous aurez près de vous un chien d'arrêt idéal puisque sa ténacité, son acharnement au travail et sa débrouillardise en ont fait le chien de chasse favori des Français.

Les chasseurs qui ont appris à bien le connaître ne peuvent plus s'en passer; il est solide et résistant. Passer une journée entière à chasser dans le froid ne lui fait pas peur. La pluie, la grêle, la neige ou une tempête ne diminueront en rien son dynamisme et son ardeur. Il est toujours de bonne humeur, même s'il doit aller chercher un canard abattu dans l'eau glacée d'un lac.

Il est rapporteur d'instinct et chasse nez au vent, la tête levée, à moyenne distance de son maître. Rien, vraiment rien ne l'empêchera d'aller chercher la proie, que ce soit à travers des taillis ou des épines; il passera sans que les petites blessures toujours possibles retardent sa progression. Il faut ajouter que, grâce à sa taille relativement petite, il se faufile aisément.

Il est spécialement doué pour la chasse à la bécasse, et il est excellent pour la chasse au perdreau et au faisan; il faut dire qu'en général il est parfait pour toute chasse au gibier à plumes.

Si vous achetez ce chien afin qu'il vous tienne compagnie, vous aurez près de vous un compagnon tendre et affectueux. Il sera heureux de vivre en famille, que ce soit à la campagne ou dans un appartement en ville. Tout ce qu'il demande, ce sont les marques d'affection et surtout de sentir que «sa famille» l'aime.

Ses défauts

Maintenant que vous connaissez les qualités de l'Épagneul breton, vous vous demandez peut-être quels sont ses défauts. Pour certains, les qualités de ce chien sont des défauts: par exemple, la ténacité et la détermination dont il fait preuve à la chasse lorsque vient le temps de réussir ce que son maître lui demande de faire. Dans la vie citadine, certains y voient un caractère têtu, même cabochard, alors qu'en réalité l'Épagneul breton est un chien extrêmement sensible et nullement têtu: il accomplit la besogne demandée, un point c'est tout. Est-ce cela être têtu? Un enfant qui fait ses devoirs et qui refuse de se lever tant qu'il ne les a pas tous terminés est-il têtu ou consciencieux?

On peut parfois considérer comme un défaut son extrême sensibilité et ses bouderies lorsqu'il estime ne pas avoir reçu la considération qui lui était due. Sachez que sa mauvaise humeur est de courte durée et que sa joie de vivre refait rapidement surface: il vous suffit de lui faire une petite caresse ou de lui faire un clin d'œil.

Au moment du dressage, agissez avec beaucoup de douceur et abstenez-vous de toute brutalité; il ne le supporterait pas et sa bouderie pourrait se transformer en animosité ou même en neurasthénie. Veillez donc à toujours entretenir des liens amicaux avec votre Épagneul breton, et ce même si vous devez le gronder à cause d'un exercice mal fait. Vous agirez envers lui comme envers un chien adulte; ne vous laissez pas tromper par sa petite taille et son jeune âge; votre animal est d'une intelligence sans pareille et il vous comprend fort bien et rapidement. Inutile de lui répéter un ordre, mais si néanmoins vous le faites, il vous regardera d'un air malicieux en se disant: «Il me prend pour qui, mon maître? Pour un chien quelconque? Ne sait-il pas encore ce qu'est un Épagneul breton?»

Vous pouvez exiger beaucoup de lui en sachant que c'est ce que votre compagnon désire: se prouver et vous prouver ses dons. Il vous sera dévoué dans la mesure où il sentira qu'il est apprécié par vous et que vous vous efforcez toujours d'agir afin qu'il soit heureux.

Il ne s'intéresse absolument pas aux autres animaux domestiques de la maison; vous pouvez donc faire votre choix selon votre cœur, mais attention: n'essayez pas d'introduire du gibier dans votre maison. Votre Épagneul breton oubliera sur-le-champ qu'il est un chien de compagnie et redeviendra aussitôt un chien de chasse redoutable...

Lors du dressage, il vous faudra parfois le punir pour obtenir de meilleurs résultats, mais n'en profitez pas pour déverser votre colère sur lui. Punissez-le toujours avec équité et justice; donnez-lui une tape si vous pensez que cela est nécessaire afin qu'il retrouve de meilleurs sentiments: faites bien attention de ne pas le blesser, vous pourriez le «casser».

Exigez beaucoup de votre Épagneul breton tout en sachant qu'il attend beaucoup de vous en retour; agissez selon votre cœur et il vous sera dévoué comme pas un: il faut qu'il sente qu'il est apprécié de son maître et que vous faites tout ce qui est en votre pouvoir pour le rendre heureux.

Montrez-lui qu'il vous fait plaisir et que vous êtes satisfait de lui; vous verrez combien il s'acharnera encore plus à «étudier» les leçons que vous lui enseignez ou les ordres que vous lui donnez.

Votre Épagneul breton doit être brossé au moins une fois par semaine. Vous examinerez souvent ses oreilles et les nettoyerez aussi souvent que nécessaire; un nettoyage hebdomadaire devrait suffire.

Si vous avez acquis votre Épagneul breton en tant que chien de compagnie, vous vous efforcerez de lui faire faire des exercices. Les promenades journalières sont de rigueur.

Votre Épagneul breton est un chien dominateur. Lorsqu'il atteindra un an, un an et demi, il essayera, tout comme les autres races de chiens dominateurs, de s'imposer à vous. Ne vous laissez pas faire. Soyez ferme pour éviter qu'il ne prenne le dessus et ne devienne le maître de la maison. Vous avez intérêt à prendre cet avertissement au sérieux. En effet, vous avez affaire à un chien à l'intelligence vive, qui voudra profiter de votre moindre faiblesse pour augmenter sa part de pouvoir ou même s'attribuer tous les droits. Soyez sévère, mais juste; remettez-le à sa place. Il s'agit d'un travail délicat, mais votre Épagneul breton ne vous aimera que davantage s'il sent que vous le tenez à l'œil et que vous le dirigez de main de maître.

Quand vous aurez opté pour un Épagneul breton, remarquez d'abord le chiot qui viendra le premier à vous; si vous êtes également attiré par lui, il y a de fortes chances pour que ce soit le lien idéal. Consultez quand même votre conseiller canin: il pourrait remarquer certains éléments négatifs que vous auriez négligés.

Vérifiez soigneusement les oreilles et les yeux du chiot: ils ne doivent pas présenter d'écoulement suspect. Les muscles doivent être solides et le pelage, impeccable. Soulevez les poils pour vous assurer que la peau est totalement dépourvue de parasites et de squames. Faites sans faute examiner par un vétérinaire le chiot que vous désirez acquérir afin d'être certain qu'il n'est pas malade. Si le vendeur refuse de vous le confier pour la durée de cet examen, n'achetez pas le chiot.

Votre Épagneul breton doit être *parfait;* examinez-le donc en vous référant aux standards qui suivent.

L'Épagneul breton est un chien de compagnie plein de tendresse et de douceur, comme en témoigne ce regard.

Les standards de l'Épagneul breton

Ces standards ont été élaborés par la Fédération cynologique internationale (F.C.I.). Nous y avons ajouté les différences substantielles éventuelles observées dans les standards du Cercle canadien du chenil (C.C.C.).

Aspect général

Taille maximum: 51 cm; minimum: 46 cm; taille idéale pour les mâles: de 48 à 50 cm; pour les femelles: de 47 à 49 cm. Court de rein, tête arrondie avec museau aux lèvres remontées, oreilles plutôt courtes et attachées haut, relativement peu frangées; poil plat sur le corps, franges ondulées, jamais frisées, genre cob, queue de 10 cm environ; l'animal peut être anoure (sans queue).

Canada: Il est si haut sur pattes que sa taille au garrot est égale à la longueur de son corps. Ce chien ne possède pas de queue, ou s'il en a une, elle

ne fait pas plus de 10 cm de longueur. Hauteur de 44 à 52 cm, du sol au point le plus haut du dos, c'est-à-dire au garrot.
Poids: entre 14 et 18 kg.

Nez

Couleur la plus foncée du corps suivant que le chien est blanc et orange, blanc et marron ou blanc et noir. Le nez est bien ouvert et un peu anguleux. Défauts: serré, en sifflet, ladre.

Lèvres

Fines, assez arrondies, la lèvre supérieure dépassant très peu la lèvre inférieure. Défauts: épaisses, trop tombantes.

Canada: Les babines pendantes aux commissures sont également pénalisées.

Chanfrein

Plus court que le grand axe du crâne: droit ou très légèrement recourbé; proportions 3/2 avec le crâne. Défauts: trop court ou trop long.

Crâne

De moyenne longueur, arrondi, parois latérales marquées et arrondies, stop à dépression assez sensible bien qu'en pente douce. Défauts: carré, ogival, étroit, rond, cassure trop droite.

Canada: Crâne de longueur moyenne d'environ 12 cm; largeur d'environ 11 cm. L'Épagneul breton ne doit jamais avoir une tête en forme de pomme ni un stop trop marqué. (Ces dimensions sont pour un chien de 50 cm de hauteur au garrot.)

Yeux

Ambre foncé, en harmonie avec la robe, vifs et expressifs. Défauts: trop clairs, regard méchant ou d'oiseau de proie.

Canada: Bien protégés des ronces par de bonnes arcades sourcilières et zygomatiques.

Oreilles

Plantées haut, plutôt courtes que longues, légèrement arrondies, peu de frange, quoique l'oreille soit bien garnie de poil ondulé. Défauts: plantées bas, tombantes, larges et très frisées.

Cou

De moyenne longueur, quoique bien dégagé des épaules, sans fanon. Défauts: trop long, trop grêle ou trop près des épaules et chargé.

Canada: Ne permettant pas tout à fait au chien de toucher le sol avec la truffe sans plier les pattes.

Épaules

Obliques et musclées. Défauts: droites ou trop obliques.

Bras

Musclés et osseux. Défauts: empâtés ou grêles.

Poitrine

Profonde, descendant pleinement au niveau du coude, côtes asez arrondies, assez larges. Défauts: étroite, pas descendue. Côte plate.

Dos

Court, garrot bien sorti, jamais ensellé. Défauts: dos long ou creux.

Rein

Court, large et vigoureux. Défauts: long, étroit et faible.

Canada: Lorsque l'animal est en mouvement, le rein ne doit pas se déplacer latéralement: cela entraîne un mouvement en zigzag du dos et constitue une perte d'énergie.

Hanches

Plus basses que le garrot, saillantes, arrivant à la hauteur du dos.

Croupe

Légèrement fuyante. Défauts: trop étroite, trop droite ou trop fuyante.

Canada: Légère chute des hanches à la racine de la queue.

Flancs

Bien remontés, sans excès. Défauts: gras et tombants.

Queue

Droite ou tombante, si le chien n'est pas anoure; toujours courte (environ 10 cm), souvent un peu torse et terminée par une mèche de poil. Défauts: longue, nue.

Canada: Il s'agit en fait d'un prolongement de l'épine dorsale située à peu près au même niveau.

Jambes de devant

Très droites, canons légèrement obliques, fins et musclés. Franges peu fournies et ondulées. Défauts: canon trop étroit ou trop oblique, défaut de franges.

Jambes de derrière

Cuisse large, très descendue, très musclée, jarret et pointe de la fesse sur la même verticale. Bien frangée, ondulée jusqu'à mi-cuisse. Canon bien d'aplomb, jarret pas trop coudé. Défauts: cuisse droite, sans frange, trop droite ou trop oblique.

Canada: Lorsque l'animal trotte, son pied postérieur doit venir se placer dans l'empreinte ou plus loin que l'empreinte laissée par le pied antérieur. Le pied idéal se situe entre le pied de lièvre et le pied de chat.

Pieds

Doigts serrés, un peu de poil entre les doigts. Défauts: larges, longs, gras, trop ronds ou ouverts.

Peau

Fine, assez lâche. Défauts: épaisse ou trop lâche.

Poil

Poils sur le corps fin sans excès et plutôt plat ou très légèrement ondulé. Défauts: frisés ou trop soyeux.

Canada: Poil dense, plat ou ondulé, jamais bouclé, pas aussi fin que chez les autres Épagneuls et jamais soyeux.

Robe

Blanc et orange, blanc et marron, blanc et noir, tricolore ou rouannée de l'une ou l'autre de ces couleurs.

Canada: Couleur: orange foncé et blanc, ou marron et blanc. Les mouchetures sont souhaitables mais pas au point de former des régions de poils de deux couleurs (de type «belton»). Robes rouannées ou diverses combinaisons d'orange ou de marron admises. Les couleurs orange et marron forment des dessins bicolores, tricolores, pie ou mouchetés. Couleurs délavées ou estompées non souhaitables.

Ensemble

Trapu et râblé, petit chien élégant, quoique très vigoureux, aux mouvements énergiques, à la physionomie intelligente, présentant l'aspect d'un cob plein de sang.
Les juges doivent renvoyer du ring, sans récompense, les sujets n'atteignant pas 46 cm et ceux dépassant 51 cm.
Le ladre est un défaut. Le ladre aux paupières entraîne la disqualification. Le ladre à la truffe empêche le sujet qui en est atteint d'obtenir la note «excellent»; si la tache de ladre est minime, le sujet pourra obtenir la note «très bon».
Le chien atteint de monorchidie ne peut être présenté ni en exposition ni en concours de travail.
Les classes en exposition seront classées en deux catégories: 1. les blancs et orange; 2. les autres couleurs.

Canada: Tout sujet de taille inférieure à 44 cm ou supérieure à 52 cm entraîne la disqualification.
Toute présence de noir dans la robe ou d'une truffe si foncée qu'elle apparaît noire, de même que toute queue de longueur vraiment supérieure à 10 cm entraînent la disqualification.

L'Épagneul breton est rapporteur d'instinct.

La classification internationale

La **Fédération Cynologique Internationale** (14, rue Léopold-II, 6530 Thouin, Belgique), regroupant les sociétés nationales de la plupart des pays européens, vient d'établir une toute nouvelle classification des races de chiens afin de faciliter l'organisation des expositions et des concours. Cette nouvelle classification répond mieux que la précédente aux besoins actuels de la cynologie car elle intègre les changements des dernières décennies. En effet, certaines races de chien qui étaient tombées dans l'oubli ont reçu à nouveau les faveurs du public, et les éleveurs ont pris en charge la reproduction de ces races afin de contenter une clientèle de plus en plus exigeante.

Cette classification comprend dix groupes; et votre Épagneul breton appartient au septième groupe, celui des chiens d'arrêt. Voici la liste.

1er groupe: chiens de berger et de bouvier (sauf chiens de bouvier suisses)

2e groupe: chiens de type Pinscher et Schnauzer, molossoïdes et chiens de bouvier suisses
3e groupe: terriers
4e groupe: teckels
5e groupe: chiens de type Spitz et de type primitif
6e groupe: chiens courants et chiens de recherche au sang
7e groupe: chiens d'arrêt
8e groupe: chiens leveurs de gibier, chiens rapporteurs et chiens d'eau
9e groupe: chiens d'agrément et de compagnie
10e groupe: lévriers et races apparentées

    Le septième groupe, celui de notre Épagneul breton, est divisé en deux sous-groupes.
A. Continentaux
I. Braques
  1. Allemagne
  Deutscher Kurzhaariger Vorstehhund, braque allemand à poil court
  Drahthaariger deutscher Vorstehund, Drahthaar (braque allemand à poil dur)
  Stichelhhaiger deutscher Vorstehhund, Stichelhaar (braque allemand à poil raide)
  Weimaraner, braque de Weimar:
    a) Kurzhhariger, à poil court
    b) Langhaariger, à poil long
  2. Danemark
  Gammel Dansk Hönsehund
  3. France
  Braque de l'Ariège
  Braque d'Auvergne
  Braque du Bourbonnais
  Braque Dupuy
  Braque français:
    a) type gascogne — grande taille
    b) type Pyrénées — petite taille
  Braque Saint-Germain

4. Hongrie
   Vizsla, braque hongrois
   a) Drotzöru Magyar Vizsla, à poil dur
   b) Rövidszöru Magyar Vizsla, à poil court
   Erdelikopo
5. Italie
   Bracco Italiano:
   a) bianco/arancio, blanc/orange
   b) roano/marrone, marron/rouan

II. Épagneuls
   1. Allemagne
      Müsterländer Vorstehhund, épagneul de Munster:
      a) Kleiner Münsterländer, petit Münsterlander
      b) Grosser Münsterländer, grand Münsterlander
      Langhaariger deutscher Vorstehhund, chien d'arrêt allemand à poil long
   2. France
      Épagneul bleu picard
      Épagneul breton:
      a) blanc et orange
      b) autres couleurs
      Épagneul français
      Épagneul picard
      Épagneul de Pont-Audemer
   3. Pays-Bas
      Drent'sche Parijshond, épagneul hollandais de Drente Stabijhoun

III. Griffons
   Griffon d'arrêt à poil dur (Korthals)
   Griffon à poil laineux (Griffon boulet)
   Cesky Fousek, griffon d'arrêt tchèque
   Slovensky Hrubotsty Ohar
   Spinone Italiano

IV. Autres races
   Perdiguero de Burgos
   Perdigueiro Portugès
   Pudelpointer

B. Chiens d'arrêt des îles britanniques
I. Pointer (English pointer)
II. Setters
   Irish Setter, setter irlandais
   English Setter, setter anglais
   Gordon Seter, setter Gordon

Voici une liste des sociétés nationales situées dans des pays entièrement ou partiellement francophones. Ces sociétés font partie de la F.D.I., soit comme organismes fédérés, soit comme organismes associés:

Union royale cynologique Saint-Hubert
25, avenue de l'Armée
B-1040 Bruxelles
Belgique

Société centrale canine
215, rue Saint Denis
F-75093 Paris Cedex 02
France

Union cynologique Saint-Hubert du Grand-duché de Luxembourg
c/o M. Fernand Jacquemart, Secrétaire général
L-6315 Beaufort
Grand-duché de Luxembourg

Société canine de Monaco
Avenue d'Ostende 12
Palais des Congrès
MC-9800 Monte-Carlo
Monaco

Société centrale canine marocaine
Boîte postale 6316
Rabat
Maroc

Société cynologique suisse
Case postale 2307
CH-3001 Berne 1 Facher
Suisse

Société canine de Madagascar
Boîte postale 56
Ivato 105
Madagascar

Le système de classification canadien présenté par le **Cercle canadien du chenil** (2150, rue Bloor ouest, Toronto, Ontario M6S 4V7, Canada) comprend sept groupes:

1er groupe: chiens d'arrêt
2e groupe: chiens courants
3e groupe: chiens de travail
4e groupe: terriers
5e groupe: chiens de luxe
6e groupe: divers sauf chiens d'arrêt
7e groupe: chiens de berger

Notre Épagneul breton appartient au premier groupe, celui des chiens d'arrêt:
Braque allemand (Kurzhaar)
Braque de Weimar (Weimaraner)
Braque hongrois (Vizsla) à poil court
Braque hongrois (Vizsla) à poil dur
Chien d'arrêt allemand à poil long (Langhaar)

Chien d'arrêt allemand à poil rêche (Drahthaar)
Épagneul breton
Épagneul Clumber
Épagneul Cocker américain
Épagneul Cocker anglais
Épagneul d'eau américain
Épagneul d'eau irlandais
Épagneul des champs
Épagneul du Sussex
Épagneul français
Épagneul Springer anglais
Épagneul Springer gallois
Griffon (Griffon d'arrêt à poil blanc)
Labrador-Retriever
Pointer
Pudelpointer
Retriever à poil bouclé
Retriever à poil plat
Retriever de la baie de Chesapeake
Retriever de Nouvelle-Écosse
Retriever doré
Setter anglais
Setter Gordon
Setter irlandais

Les tests

Il est très important de noter que les tests en général, tout comme ceux qui sont proposés ici, ne révèlent que des tendances. Les conditions dans lesquelles le chien sera testé, et ce qu'il expérimentera par la suite, peuvent jouer un rôle plus ou moins déterminant.

On recommande habituellement d'administrer les tests de caractère au chiot âgé de sept semaines. Passé cet âge, le chiot sera davantage influencé par diverses interactions.

Quoi qu'il en soit, testez votre chien ou celui que vous voudriez acquérir, même s'il a atteint un âge plus avancé; vous pourrez ensuite faire d'autres séries de tests.

Vous vous isolerez avec votre chiot dans un endroit calme afin de ne pas fausser les résultats; ce peut être un lieu inconnu du chien. Ce qui est important, c'est que rien ne vienne distraire ou perturber l'animal.

Les tests de William Campbell sont certainement parmi les meilleurs; ils sont composés de cinq exercices:
1. Test de confiance;
2. Test d'accompagnement;

3. Test de contrainte;
4. Test de domination sociale;
5. Test de position élevée.

Pour assurer la validité des résultats, suivez ces quelques instructions; agissez calmement, sans parler et en douceur; ne faites au chiot ni reproche ni compliment; ne relevez aucune de ses bêtises.

Après chacun des tests, cochez la lettre du tableau de Campbell correspondant aux réactions du sujet. Vous trouverez le tableau aux pages 40 et 41. Choisissez la description du comportement qui s'applique le mieux à votre chien; ne vous arrêtez pas à un détail, mais retenez plutôt la tendance générale. Cochez la lettre correspondante et analysez les résultats. Ce test vous donnera un aperçu de la personnalité du sujet.

1. Test de confiance

Posez le sujet par terre et éloignez-vous d'environ 3 m. Accroupissez-vous et tapez doucement dans vos mains. Le chiot vous révélera instantanément son degré de confiance. Notez le résultat et passez immédiatement au test suivant.

2. Test d'accompagnement

Placez le sujet par terre, très près de vous, puis éloignez-vous en marchant normalement. Le chien démontrera son obéissance en vous suivant; sinon, voyez-y un signe d'indépendance. Soyez toutefois absolument certain que le chiot vous a bien vu marcher avant de noter le résultat.

3. Test de contrainte
(durée: 30 secondes)

Accroupissez-vous et roulez doucement le chiot sur le dos pendant 30 secondes en appuyant une main sur sa poitrine. La façon dont il rejettera ou acceptera cette position indiquera son degré de résistance ou de soumission à la contrainte sociale physique.

Si le chien gémit ou aboie, cela peut indiquer une tendance naturelle difficile à corriger. En vieillissant, il pourrait répondre par des «vocalises» et susciter le mécontentement de vos voisins, si vous demeurez dans un appartement...

Test de domination sociale
(durée: 30 secondes)

Accroupissez-vous et caressez doucement le crâne du chiot, son cou et son dos. Sa réaction sera révélatrice: le chiot très dominateur essaiera de résister à la personne qui fait le test en se sauvant, en grognant et en la mordant; le chiot indépendant s'éloignera en marchant dignement.

Dans tous les cas cités, il faudra continuer de caresser l'animal jusqu'au moment où son comportement vous semblera éloquent. Notez le résultat.

5. Test de position élevée
(durée: 30 secondes)

Soulevez le sujet de sorte que ses membres ne touchent pas le sol sans pour autant l'en éloigner trop. Les mains entrelacées sous son ventre, soutenez-le légèrement et maintenez-le ainsi pendant 30 secondes. Le chiot se trouve alors dans une position d'abandon puisque c'est vous qui le maîtrisez complètement. Sa façon de réagir à cette situation indiquera à quel point il vous est soumis.

Déposez doucement le chiot et notez le résultat.

TABLEAU DE CAMPBELL

Test de confiance

Vient promptement, queue haute, en sautillant et en mordant les mains	A
Vient promptement, queue haute et en piaffant, vers les mains	B
Vient promptement, queue basse	C
Vient en hésitant, queue basse	D
Ne vient pas	E

Test d'accompagnement

Suit promptement, queue haute, en essayant de mordiller les pieds	A
Suit promptement, queue haute	B
Suit promptement, queue basse	C
Suit en hésitant, queue basse	D
Ne suit pas, ou à distance	E

Test de contrainte (30 secondes)

Lutte vigoureusement, se débat et mord	A
Lutte vigoureusement et se débat	B
Lutte un moment puis abandonne	C
Ne lutte pas, lèche les mains	D

Test de domination (30 secondes)

Bondit, piaffe, mord, gronde	A
Bondit, piaffe	B
Se tortille, lèche les mains	C
Se roule, lèche les mains	D
S'éloigne et ne bronche plus	E

Test de position élevée (durée 30 secondes)

Se débat férocement, mord, gronde, pleure	A
Se débat beaucoup, pleure	B
Se débat, se calme, lèche	C
Ne lutte pas, lèche	D

INSCRIRE LE TOTAL DES A, B, C, D, E.

CE QUE RÉVÈLENT LES RÉSULTATS:

1. *Deux «A» ou plus avec un «B» ou plus*
   Chiots dominateurs et agressifs (peuvent mordre s'ils sont manipulés physiquement). À traiter avec douceur, sans jamais les frapper, ce qui augmenterait leur agressivité. Un environnement calme, sans enfants ni personnes âgées, est donc préférable. Par contre, ces chiots deviendront des chiens de garde et de protection en cas de danger s'ils sont élevés avec douceur et fermeté.

2. *Trois «B» ou plus*
   Chiots dominateurs ou à tendance dominatrice. Ils deviendront impossibles à maîtriser s'ils sont toujours caressés gratuitement. Par contre, avec un dressage doux et ferme, ils apprendront rapidement à bien se conduire. Ce type de chien ne convient pas aux familles avec enfants, mais il gagnera en sociabilité si vous multipliez ses contacts avec eux.

3. *Trois «C» ou plus*
   Chiots pouvant s'intégrer dans tous les foyers de quelque genre que ce soit. Ils ne sont ni trop soumis ni trop agressifs. Ils sont fortement conseillés aux personnes âgées et aux familles comptant plusieurs enfants. En résumé, pas de problèmes majeurs.

4. *Deux «D» ou plus avec un ou plusieurs «E»*
Chiots sensibles et doux, fortement soumis, qui demandent un traitement tendre et des manipulations délicates pour surmonter leur faiblesse de caractère. Ils peuvent fort bien faire un pipi de soumission avec des maîtres trop exigeants. Il vous faudra beaucoup de temps et de patience pour gagner leur confiance. Ils peuvent s'adapter aux jeunes enfants, mais ils risquent de mordiller ou de mordre quand ils ont peur, se sentent menacés ou trop restreints dans leurs mouvements.

5. *Deux «E« ou plus (dont un dans la section de domination sociale)*
Ils sont très solitaires et ne viennent pas vite à vous. Il n'en font qu'à leur tête. Si leurs résultats comptent des «B» ou des «D», ces chiots peuvent attaquer et mordre sous l'influence d'un stress pendant ou après une punition physique.
Avec des «C» ou des «D», ils peuvent devenir très farouches envers leur entourage, leurs maîtres y compris. Ne les choisissez pas si vous avez des enfants.

6. *Un résultat mixte*
Un résultat mixte nécessite un nouveau test dans un autre lieu. Si le résultat reste le même, le chiot pourrait être un animal ambivalent, dépendant des situations ou de l'environnement. Le développement harmonieux d'un tel chien vous demandera beaucoup de temps et de patience.

Un vétérinaire français, le docteur Bernard Hamel, nous propose deux tests intéressants. Le premier, le «test du parapluie», consiste à ouvrir rapidement un parapluie à

1,50 m du chien. Comment interpréter le résultat de ce test? Le docteur Hamel souligne que cette épreuve n'est pas destinée uniquement à déceler le sujet peureux; selon lui, un mouvement de recul marqué — sans qu'il aille jusqu'à la débandade — est normal et même souhaitable; une absence totale de réaction dénoterait plutôt un état d'apathie regrettable. Le plus important à considérer est comment le chien réagit après avoir été surpris: piqué dans sa curiosité, il doit chercher à comprendre et s'approcher du parapluie pour l'examiner, avec prudence et circonspection, éventuellement encouragé par son maître. C'est la preuve la plus formelle de son intelligence.

Le docteur Hamel nous propose un autre test d'intelligence, le «test du bruit caché»: hors de la vue du chien, on racle le fond d'un seau métallique avec des cailloux; il doit «aller voir» et non s'enfuir ou rester indifférent.

La bonne réponse

L'Épagneul breton a un regard intelligent.

Sa nourriture

Votre Épagneul breton, comme d'ailleurs tous les chiens, mange de tout. Vous pouvez à juste titre le comparer à l'homme: comme celui-ci, il pourra se contenter d'aliments en conserve ou de nourriture sèche ou encore apprécier tout autant le régime alimentaire varié que vous lui préparerez avec soin et amour. N'oubliez pas de le faire jeûner de temps en temps, il n'en retirera que des bienfaits.

La nourriture pour chien proposée actuellement par les compagnies réputées est parfaitement équilibrée, qu'elle soit sèche ou humide. Vous pouvez évidemment préparer vous-même les repas de votre Épagneul breton mais, étant donné l'excellente qualité des aliments de marque, si vous le faites, ce sera parce que vous aimez cette tâche et que vous avez du temps devant vous. Quelle que soit votre décision, ne changez pas brusquement de type d'alimentation; faites-le progressivement.

Si à l'origine le chien était carnivore, sa domestication l'a rendu omnivore, c'est-à-dire qu'il peut maintenant manger de tout, aussi bien de la viande que de n'importe quel autre aliment. Il vous faudra veiller à l'équilibre de son régime alimentaire, en fonction de son âge, de son état de santé, de sa condition (gestation, lactation, etc.), de ses activités et des conditions climatiques.

Même si votre Épagneul breton n'a pas de sérieuses prédispositions à l'obésité, vous devrez néanmoins surveiller les quantités d'aliments que vous lui donnez; sinon, ce chien à l'appétit solide se transformerait en véritable glouton et risquerait de souffrir d'embonpoint. Pour prévenir ce problème, dosez judicieusement son apport alimentaire et faites-lui prendre quotidiennement de l'exercice.

Sachez aussi que, même si les éleveurs ont longtemps privilégié la viande crue dans l'alimentation du chien, cette pratique est aujourd'hui déconseillée. Vous devriez toujours faire bouillir la viande afin d'éviter des infections.

Vous devez noter également que la nourriture sèche a l'avantage d'entretenir les dents de votre Épagneul breton, car il doit la croquer vigoureusement; cela empêche le tartre de se former et prévient la formation de foyers d'infection.

Certaines grandes compagnies offrent des aliments en boîte qui, à eux seuls, sont susceptibles de guérir certaines maladies de votre compagnon, notamment les affections rénales et hépatiques.

Si vous tenez à préparer la nourriture de votre chien en suivant l'ancienne mode, vous pouvez considérer que:
- selon l'école moderne, *dès le vingt-deuxième jour,* vous pouvez commencer à lui donner de la nourriture sèche amollie par addition d'eau afin de l'entraîner à laper, et continuer ainsi tout au long de son développement en ajoutant de moins en moins d'eau à sa nourriture.
- selon une école plus ancienne, *jusqu'au vingt-deuxième jour environ,* les chiots sont nourris exclusivement par leur mère. Ensuite, vous devez leur donner un peu de lait en supplément.

À six semaines

Vous commencerez à donner aux chiots des bouillies à base de pain ou de viande hachée et, selon l'avis de votre vétérinaire, des vitamines. Néanmoins, la principale source d'alimentation, à cet âge, demeure l'allaitement maternel: il ne faudra pas l'interrompre. Sachez qu'une chienne de grande taille produit de 60 à 100 l de lait en six semaines.

Le sevrage

Le sevrage commence à deux mois. Le chiot devra s'habituer progressivement à une nourriture plus solide; donnez-lui:
1. Le matin, une petite tasse de lait et 5 ml d'huile de foie de morue phosphorée (après avoir demandé l'avis de votre vétérinaire).
2. Vers le milieu de la journée, 60 g de viande hachée, de préférence du bœuf maigre (préparez des petites boulettes que vous donnerez au chiot l'une après l'autre).
3. Dans l'après-midi, une petite tasse de lait mélangé à 5 ml de lactose.
4. Au souper, 60 g de viande hachée, un biscuit pour chien et un peu de verdure remplacée à l'occasion par du riz.
5. Avant son coucher, une tasse de lait tiède, s'il en montre l'envie.

À trois mois

1. Le matin, du pain grillé, des biscuits pour chien en plus grande quantité et 225 ml de lait enrichi de lactose.
2. Vers le milieu de la journée, 80 g de bœuf haché et 10 ml d'huile de foie de morue (sur avis de votre vétérinaire).

3. Dans l'après-midi, 80 g de bœuf haché, du pain grillé ou des biscuits pour chien ainsi que deux cuillerées à soupe de riz bouilli ou de légumes cuits.

À quatre mois

1. Le matin, 225 ml de lait enrichi de lactose, plusieurs tranches de pain grillé ou des biscuits pour chien et 5 ml d'huile de foie de morue (sur avis de votre vétérinaire).
2. Vers le milieu de la journée, 80 g de bœuf haché ainsi que quelques cuillerées à soupe de riz ou de légumes cuits et trois tranches de pain grillé.
3. Dans l'après-midi, 80 g de bœuf haché.
4. Au souper, 225 ml de lait enrichi de lactose et 15 ml d'huile de foie de morue (sur avis de votre vétérinaire).

À cinq mois

1. Le matin, 25 ml de lait enrichi de lactose, plusieurs tranches de pain grillé ou des biscuits pour chien et 5 ml d'huile de foie de morue (sur avis de votre vétérinaire).
2. Vers midi, environ 80 g de bœuf haché.
3. L'après-midi, environ 160 g de bœuf haché, du pain grillé ou des biscuits pour chien et une petite louche de légumes cuits ou de riz.
4. Au souper, une grande tasse de lait enrichi de lactose et une cuillerée à soupe d'huile de foie de morue (sur avis de votre vétérinaire).

À six mois

1. Le matin, 0,5 litre de lait, trois à quatre tranches de pain grillé ou des biscuits pour chien et, si vous arrivez à le convaincre, un jaune d'œuf cuit.

2. Vers le milieu de la journée, 250 g de bœuf haché ainsi qu'un peu de foie.
3. Au souper, 250 g de bœuf haché (que vous pouvez mélanger à de la viande de cheval), une louche de légumes verts cuits ou de céréales cuites (riz, blé, avoine ou orge) et 15 ml d'huile de foie de morue (sur avis de votre vétérinaire).

De sept à onze mois

Donnez-lui une alimentation semblable à celle de l'Épagneul breton adulte mais moins copieuse, en tenant compte de sa musculature et de son ossature. Veillez à ne pas le suralimenter et ne continuez à lui donner de l'huile de foie de morue que sur avis de votre vétérinaire.
Donnez-lui les quantités suivantes:
1. Le matin, 0,5 litre de lait entier, du pain grillé, un œuf cru et 5 ml d'huile de foie de morue (sur avis de votre vétérinaire).
2. Au repas de midi, 250 g de bœuf haché, un peu de foie et quelques cartilages pour faciliter sa mastication.
3. Au souper, 250 g de viande hachée et deux louches de légumes cuits ou de riz. Remarquez les légumes que votre Épagneul breton préfère et digère le mieux; adaptez-vous à ses préférences même si cela vous occasionne un surplus de travail. *Ne lui donnez pas de petits pois, de lentilles ou d'autres féculents.*

À onze et douze mois

Donnez-lui seulement deux repas par jour. Selon ses activités et les conditions climatiques, vous pourrez ne lui

donner qu'un repas par jour. Pour un régime de deux repas, préparez-lui:
1. Le matin, 0,5 litre de lait, un ou deux jaunes d'œufs, deux biscuits pour chien et 5 ml d'huile de foie de morue, s'il y a lieu.
2. Au souper, 500 g de viande coupée en morceaux mélangée à environ trois louches de riz (ou d'une autre céréale), de légumes verts et de pommes de terre ou de pâtes, ainsi que quelques tranches de pain.

À l'âge de un an, votre Épagneul breton sera devenu un chien adulte. Comme vous l'aurez suivi pendant un an au cours des différents stades de sa croissance, vous connaîtrez ses goûts et ses habitudes et cela vous sera utile quand vous aurez à le récompenser.

Ne vous inquiétez pas trop si votre Épagneul breton refuse sa nourriture: il y a peut-être un élément de sa pâtée qui ne lui plaît pas; si, malgré vos efforts, vous ne parvenez pas à le lui faire manger, acceptez son refus et prenez ses goûts en considération. Il se pourrait également que les goûts de votre compagnon changent; là aussi il vous faudra vous incliner et découvrir, en tâtonnant, ses nouvelles préférences alimentaires.

Si vous avez décidé de faire de votre Épagneul breton un chien de garde à temps plein, il aura besoin de nourriture plus abondante. Vous lui donnerez alors: 60 g de viande; 260 g de riz, de pâtes ou de céréales; 200 g de légumes cuits tels que carottes, haricots verts ou courgettes; 175 g d'aliments préparés pour chien; 5 ml d'huile de foie de morue et des vitamines, s'il y a lieu.

Vous devez savoir que certains chiens, passé quatre ou cinq mois, ont de la difficulté à digérer le lait. Si vous notez que votre Épagneul breton souffre de diarrhée, supprimez le lait, mais demandez à votre vétérinaire ce que vous devez lui donner en remplacement.

La valeur nutritive des aliments

Les aliments que vous donnez à votre Épagneul breton se divisent en quatre grands groupes:
- Les *protéines,* contenues dans la viande, constituent l'élément majeur de l'alimentation.
- Les *hydrates de carbone,* contenus dans le pain, les pâtes et les céréales, fournissent l'énergie nécessaire au travail et à l'activité physique.
- Les *matières grasses* fournissent l'énergie et la chaleur nécessaires pour combattre le froid. Leur quantité doit varier selon les saisons et le climat: on peut donner au chien de la viande grasse en hiver et de la viande maigre en été.
- Les *minéraux* contenus dans les légumes, dans les os broyés et dans certains aliments spécialement préparés à cet effet favorisent la formation des os.

Il vous faut également savoir que:
- La *vitamine A,* que l'on trouve notamment dans l'huile de foie de morue, est essentielle à la croissance;
- la *vitamine D* prévient le rachitisme, mais il ne faudrait pas en abuser car elle pourrait provoquer la calcification des poumons et des reins;
- la *vitamine C* ne devra être administrée que si le régime alimentaire est mal équilibré; absorbée par un Épagneul breton ayant un régime équilibré, elle pourrait provoquer des troubles hépatiques;
- les *vitamines du complexe B* seront peut-être recommandées par votre vétérinaire;
- la *vitamine K,* indispensable à la coagulation normale du sang, pourrait cependant causer des troubles hépatiques ou rénaux.

Consultez toujours votre vétérinaire avant d'administrer des vitamines à votre chien. Un excès de vitamines pourrait provoquer un affaiblissement de l'animal ou la détérioration de son palais.

Certains aliments sont néfastes pour l'Épagneul breton:
- le poumon, qui gonfle l'estomac et qui est difficile à digérer;
- les matières grasses en trop grande quantité, surtout si votre animal a tendance à l'obésité;
- la viande de porc;
- les petits os pointus de poulet ou de lapin;
- les lentilles, les pois cassés et les haricots qui sont trop riches en fécule et qui sont difficiles à digérer;
- le chou;
- les condiments comme le poivre, la moutarde, etc.

Ne laissez pas les enfants gâter votre Épagneul breton en lui offrant toutes sortes de sucreries: il deviendrait rapidement obèse. Un morceau de sucre devrait être une récompense très rare.

Assurez-vous que votre chien a toujours de l'eau à sa disposition pour se désaltérer quand il le désire.

Un bon conseil: servez-lui ses repas tièdes. Votre Épagneul breton les engloutit immédiatement. Il n'aime pas manger chaud, ce qui ne veut pas dire qu'il aime les aliments froids ou glacés.

La propreté est essentielle: n'oubliez pas de laver tous les jours la gamelle du chien. Il vaut mieux jeter la pâtée que votre Épagneul breton n'aura pas mangée.

Enfin, si vous tenez spécialement à la beauté de votre compagnon et à ce que son poil devienne très luisant, donnez-lui tous les jours soit du yogourt, soit du fromage cottage, soit du foie de bœuf, soit du bœuf haché mélangé à de la nourriture sèche: vous verrez son poil s'embellir, ses muscles s'assouplir et son apparence se transformer. Il ne s'agit pas là de santé mais de beauté. Donnez-lui également deux fois par semaine de l'huile de maïs et, toujours pour embellir sa robe, offrez-lui chaque matin 15 ml de margarine de soja.

Son hygiène

L'Épagneul breton n'est pas différent des autres chiens: il a besoin d'être entretenu par son maître, c'est-à-dire par vous, qui êtes responsable de son bien-être quotidien. Il vous en sera d'ailleurs très reconnaissant et vous le montrera par son entrain et par la fierté de son allure. En le gardant propre, vous embellissez sa robe et vous contribuez à améliorer sa santé. Un Épagneul breton bien propre est plus sain et vivra bien plus longtemps; son intelligence sera également plus vive que celle d'un chien qu'on laisse se débrouiller tout seul. Bien que votre Épagneul soit très robuste et n'ait pas d'odeurs particulières — sauf peut-être par temps humide —, vous devrez néanmoins accorder une attention spéciale à sa propreté puisque vous lui permettez de vivre à l'intérieur de votre maison.

Voyons maintenant, d'une manière détaillée, les soins à prodiguer à votre Épagneul breton.

Le brossage

Si vous voulez être fier de votre Épagneul breton, vous devrez faire en sorte que ses poils soient toujours bien brossés. Quand le temps de la mue arrivera, vous remarquerez que le sous-poil envahit la fourrure, particulièrement à la collerette et à la culotte où les poils sont plus abondants. Il faudra alors utiliser tous les jours une étrille pour éliminer les poils morts. Vous pouvez aussi épiler très légèrement la surface des oreilles quand elles ont des poils superflus et couper aux ciseaux les poils trop longs qui dépassent le bord libre de la conque. Coupez également les poils superflus entre les doigts de pied.

Commencez le brossage en humectant la fourrure à l'aide d'un vaporisateur à eau. Ensuite brossez-la à rebrousse-poil pour bien l'aérer, puis humectez de nouveau. Quand tout le poil est humecté et que l'humidité l'a traversé grâce à votre massage manuel, prenez une brosse légèrement dure et commencez la toilette. Brossez toujours dans le sens du poil en commençant par le garrot et en continuant vers l'arrière-train jusqu'à la queue. Terminez par les pattes. Tout en dépoussiérant votre Épagneul breton, vous enlèverez les poils superflus et lui éviterez ainsi de les avaler.

Le brossage donnera un beau lustre au pelage de votre compagnon: votre Épagneul breton aura fière allure. Il appréciera tout particulièrement le brossage énergique, qui active la circulation sanguine cutanée.

Le bain

Vous devez habituer progressivement votre chien au bain. Ne le faites pas brutalement en le jetant dans l'eau. Si vous voulez qu'il apprécie pleinement son bain, vous devrez être très patient jusqu'à ce que cela lui devienne naturel et routinier.

Un chiot doit être baigné une fois par semaine; par contre, arrivé à l'âge adulte, votre Épagneul breton ne doit être baigné que tous les quatre mois au maximum s'il vit dans un appartement, et davantage s'il vit à la campagne ou selon ses activités. Le bain ne lui est guère recommandé. Si votre compagnon est vraiment sale, enlevez la saleté superficiellement; sinon, vous enlèveriez la graisse naturelle qui recouvre son poil et qui le protège du soleil et du froid. Consultez votre vétérinaire; connaissant bien votre chien, il saura vous conseiller sur cet aspect de son hygiène.

En été, lorsqu'il fait beau, vous pouvez baigner votre Épagneul breton en plein air et le laisser s'ébrouer au soleil. Veillez à ce qu'il soit à l'abri des courants d'air. En hiver, utilisez un endroit bien fermé et essuyez-le soigneusement pour lui éviter les rhumatismes.

Remplissez la baignoire d'eau tiède à environ 40 °C. Toute la partie inférieure du corps de votre Épagneul breton doit être dans l'eau. Placez dans le fond de la baignoire un tapis antidérapant. Pour éliminer les parasites du pelage, employez un shampooing antiparasitaire. Commencez par lui savonner la tête et continuez dans le sens du poil jusqu'à la queue et aux pattes. Faites-le très soigneusement. Rincez une première fois en évitant de lui mouiller le museau et en protégeant ses oreilles. Soyez doux et patient, même lorsqu'il veut vous montrer à quel point c'est agréable! Profitez du bain pour vérifier la propreté de ses oreilles et pour les nettoyer à l'aide de coton enroulé sur un bâtonnet. Surveillez bien vos gestes car les oreilles d'un chien sont très sensibles; il pourrait avoir des mouvements brusques en sentant un corps étranger dans son oreille.

Quand vous aurez terminé, sortez votre Épagneul breton de la baignoire et éloignez-vous rapidement afin d'éviter de vous faire mouiller lorsqu'il se secouera. Frottez-le ensuite énergiquement avec des serviettes.

Lorsque l'hiver approche, et plus particulièrement pendant les périodes de grand froid, nous vous conseillons d'employer des shampooings secs: il vaut mieux ne pas mouiller votre chien. Ces shampooings secs font disparaître les parasites, assouplissent la fourrure et font briller le pelage.

Si votre Épagneul breton vous revient d'une «expédition» couvert de boue, vous avez le choix entre le frotter avec des linges humides et l'essuyer, ou bien laisser sécher la boue et le brosser ensuite. Si son poil est taché de graisse, de peinture ou de goudron, frottez-le avec un chiffon imbibé d'essence, de térébenthine ou d'éther. Rincez-le soigneusement ensuite.

Les ongles

L'entretien des ongles de votre compagnon est très important. Le meilleur moment d'empêcher qu'ils ne deviennent trop longs est encore de faire marcher votre chien, ce qui convient parfaitement à ce grand sportif qu'est votre Épagneul breton. Mais si le chien sort peu, comme la pousse des griffes est contante, elles le gêneront lors de ses déplacements. Baignez-les dans de l'eau tiède, jusqu'à ce qu'elles soient ramollies; coupez-le ensuite et veillez, en les regardant à contre-jour, à n'enlever que la partie morte; vous éviterez ainsi de blesser votre Épagneul breton. Utilisez un instrument spécial et non ceux qui sont réservés à l'usage humain. Vous pouvez également opter pour la lime, mais procédez alors avec beaucoup de douceur. Limitez-vous à lui couper les ongles toutes les deux semaines.

Les oreilles

Soignez tout particulièrement les oreilles de votre Épagneul breton. Elles doivent toujours être d'une propreté exemplaire. Deux fois par mois, vous préparerez une solution composée de 50 p. 100 d'eau et de 50 p. 100 de peroxyde avec laquelle vous masserez ses oreilles; asséchez-les ensuite avec des boules de coton hydrophile.

Les dents

La meilleure façon de garder saines les dents de votre Épagneul breton est encore de lui donner des os à ronger et de lui faire manger du pain bien sec et des biscuits très durs. Empêchez-le de croquer des morceaux de bois dur ou des cailloux, car cela risquerait d'abîmer irrémédiablement l'émail de ses dents. Si votre chien est de bonne nature, vous pouvez lui brosser vous-même les dents à l'aide d'un dentifrice pour chien. Vous pouvez aussi essayer de les frotter avec un chiffon humide trempé dans du bicarbonate de soude ou dans du jus de citron.

Refusez-lui les friandises trop sucrées, car elles favorisent la carie dentaire. Examinez régulièrement les dents de votre Épagneul breton, il pourrait y avoir du tartre; ce dépôt calcaire qui recouvre progressivement les molaires et les canines donne mauvaise haleine, favorise le déchaussement des dents et les infections des gencives. Consultez votre vétérinaire au moins une fois l'an. Il examinera les dents de votre Épagneul breton, procédera au détartrage, s'il y a lieu, et vous donnera de judicieux conseils.

Les yeux

Il est possible que les yeux de votre Épagneul breton soient rouges et larmoyants. Cela peut arriver après un plus ou moins long séjour en plein vent ou si un corps étranger s'est glissé sous ses paupières; prévenez ces ennuis en ne laissant pas votre compagnon passer la tête par la fenêtre lorsque vous l'emmenez en auto. Lavez-lui les yeux avec une solution d'acide borique que vous trouverez dans toutes les pharmacies. Imprégnez-en un tampon de coton hydrophile et passez-le-lui sur les yeux.

En cas de conjonctivite, adressez-vous à votre vétérinaire qui prescrira les remèdes nécessaires.

Les parasites

Bien que votre Épagneul breton ne soit pas particulièrement sujet aux parasites, il vous faudra vérifier méticuleusement, lors du brossage, si votre animal n'en est pas infesté.

Les *puces* ne sont pas vraiment dangereuses, et vous pouvez les éliminer avec des poudres antiparasitaires. Les puces canines n'aiment pas l'homme et ne quittent le poil d'un chien que pour celui d'un autre chien.

Les *poux,* lorsqu'ils ont infesté le poil de votre Épagneul breton, sont la cause de bien des tracas. Il est difficile de les éliminer complètement. Ils se reproduisent très rapidement et leur action peut devenir dangereuse pour votre compagnon. Il y a de fortes probabilités pour que votre Épagneul breton ait des poux s'il se gratte sans arrêt les oreilles. Donnez-lui des bains antiparasitaires; si vous n'arrivez pas à l'en débarrasser rapidement, consultez sans tarder votre vétérinaire. Si vous n'agissez pas au plus vite, votre Épagneul breton pourrait souffrir d'anémie, ce qui l'affaiblirait considérablement.

Les *tiques* sévissent surtout pendant l'été dans nos régions. Les chiens vivant en contact avec des bestiaux sont les plus menacés. Les tiques peuvent provoquer des infections de la peau lorsqu'on essaie de les arracher sans précautions. Leur tête reste incrustée dans la peau quand vous arrachez le corps, ce qui provoque de l'infection. Il vaut donc mieux faire prendre à votre Épagneul breton des bains additionnés de produit antiparasitaire, d'essence ou d'alcool. Un fois que les tiques sont mortes, laissez-les tomber d'elles-mêmes sans essayer de les arracher. Elles se logent sur la base des oreilles, sur le cou, entre les doigts et sur les aisselles du chien. Dès que vous diagnostiquez une infestation, traitez votre Épagneul breton.

Il existe aujourd'hui toute une gamme de colliers antiparasitaires qui protégeront votre chien de manière efficace, discrète et constante. Cependant, ne laissez pas votre Épagneul breton frayer avec les chiens errants du voisinage.

Sa santé

Si vous remarquez que votre Épagneul breton est triste, qu'il ne répond pas à vos appels et reste dans son coin, alors qu'il est habituellementf actif, gai, vif et expressif, il y a tout lieu de penser qu'il est malade. Prenez sa température avec un thermomètre rectal: elle est normalement de 38,2 °C à 38,7 °C chez l'adulte et d'environ 39 °C chez le chiot. Si elle dépasse largement 39 °C ou si elle est nettement en dessous de 38 °C, vous devez être très vigilant. Si cette température anormale est accompagnée de vomissements ou de diarrhée, n'hésitez pas à consulter votre vétérinaire.

Le pouls normal d'un jeune Épagneul breton est de 110 à 120 pulsations par minute; celui d'un Épagneul breton dans la force de l'âge, de 90 à 100, et celui d'un vieux chien, de 70 à 80.

Un jeune chien au repos a de 18 à 20 respirations par minute. Un Épagneul breton adulte en a de 16 à 18 et un vieux Épagneul breton, de 14 à 16.

D'autre part, votre Épagneul breton n'est pas à l'abri des blessures, des fractures ou des brûlures. Il peut également être atteint de différentes maladies parasitaires dont nous parlerons plus loin.

Les maladies évoluent à travers le temps. Certaines ont disparu, mais rien ne nous dit qu'elles ne ressurgiront jamais. Certaines peuvent porter un autre nom en d'autres lieux. Ne vous affolez pas; si vous avez le moindre doute lorsque vous constatez un symptôme, consultez votre vétérinaire.

Les accidents

Les blessures

Il y a plusieurs types de blessures: les coupures, les contusions et les plaies superficielles ou profondes.

Bien que parfois compliquée d'une hémorragie, la *coupure* est une blessure habituellement bénigne. Vous devez d'abord stopper l'écoulement de sang en tamponnant la coupure à l'aide de compresses de gaze ou en garrottant le membre juste au-dessus de la blessure. Dans les cas graves, vous devrez ligaturer les vaisseaux. La désinfection et la propreté sont indispensables; avant même de vous occuper de la blessure, rasez les poils tout autour. Si la blessure est longue, vous devrez faire quelques points de suture. En soulevant la peau du chien, vous y arriverez aisément. Si la blessure est superficielle, ne la recouvrez pas de pansements afin de permettre à votre chien de la lécher: sa salive favorisera la guérison en prévenant l'infection et en accélérant la cicatrisation.

Bien que les blessures provoquées par une pointe ne soient pas longues, elles sont souvent très profondes et peuvent s'infecter. Des germes peuvent s'introduire accidentellement sous la peau et résister à toute médication. Si ces cas d'infection sont rares, ils n'en sont pas moins très douloureux; vous devez désinfecter ces blessures en profondeur par irrigation.

La *contusion* est une lésion produite par un choc sans qu'il y ait déchirure de la peau du chien. Il est alors plus difficile de faire des points de suture, parce qu'il s'agit d'une blessure qui n'est pas aussi nette qu'une coupure. Commencez par désinfecter en lavant la lésion avec une solution antiseptique. Comme pour la coupure, rasez les poils autour de la lésion. Bandez selon l'emplacement de la blessure, de façon à ne pas nuire aux mouvements de l'animal. Une contusion guérira plus lentement qu'une coupure.

S'il vous accompagne à une partie de chasse, votre Épagneul breton peut accidentellement être touché par une balle perdue ou se prendre dans un piège. Gardez la tête froide et évaluez rapidement la situation. Si une balle l'a blessé grièvement à la tête, à la poitrine ou au ventre et que vous êtes dans l'impossibilité de le transporter en moins d'une heure chez un vétérinaire (ou même un pharmacien), vous devrez vous résoudre à ne pas le laisser souffrir inutilement. Si la blessure est superficielle ou profonde, mais ne semble pas dangereuse, munissez-vous d'un bâton court et solide et donnez-le à mordre à votre chien. Enveloppez ensuite votre Épagneul breton dans une couverture, un imperméable ou une bâche et amenez-le le plus vite possible chez un vétérinaire.

S'il est pris au piège, procédez comme dans le cas d'une blessure par balle; faites-lui mordre un bâton et retenez-le une fois que vous l'aurez libéré du piège car il pourrait chercher à s'enfuir.

La bataille de chiens

Une bataille de chiens peut dégénérer très rapidement. Attrapez une laisse ou même, si vous n'en avez pas sous la main, servez-vous de votre ceinture et tapez très fort dans le tas. Sachez qu'un bon coup de fouet les cinglera, mais que c'est bien moins grave qu'une vilaine morsure. N'hésitez pas, soyez énergique et agissez vite: tous les ordres et les cris seraient absolument inutiles dans un cas pareil. Votre Épagneul breton est un chien courageux et dominateur et, si son adversaire l'est également, vous pouvez imaginer la fin d'une telle bataille si vous n'interveniez pas!

L'insolation et le coup de chaleur

Les symptômes de l'insolation et ceux du coup de chaleur sont les mêmes. Si votre Épagneul breton court ou marche longtemps en plein soleil, l'été, il est possible qu'il souffre d'un coup de chaleur: son système nerveux central sera atteint. Ses poumons et son système cardio-vasculaire peuvent également être touchés. Les symptômes apparaissent subitement: le chien semble soudainement affaibli, sa démarche devient hésitante, il respire par saccades et s'affaisse. N'attendez pas le vétérinaire pour donner les premiers soins: l'insolation peut être mortelle.

La première chose à faire est de porter votre Épagneul breton dans un endroit ombragé et frais. Faites baisser sa température en lui appliquant des compresses d'eau très froide sur la tête et sur tout le corps. Appelez ou faites appeler un vétérinaire; en attendant son arrivée, donnez à votre compagnon un peu de café pour contrer la dépression; vous l'aiderez ainsi à surmonter sa crise. Ne laissez jamais votre Épagneul breton prisonnier d'une automobile hermétiquement fermée et garée en plein soleil. N'oubliez pas que, comme les autres chiens, il ne supporte pas les trop fortes chaleurs.

L'aggravée

Il s'agit d'une inflammation des soles d'un Épagneul breton qui a marché trop longtemps sur des terrains trop durs ou trop cailouteux. L'aggravée peut aussi affecter le chien qui a marché sur les résidus de chaume après une moisson. Les soles de votre animal peuvent aussi s'enflammer s'il se promène trop longtemps, en période de canicule, sur des routes goudronnées. Ses coussinets plantaires et les espaces interdigitaux se couvrent alors de plaies très douloureuses qui rendent la marche difficile et pénible, sinon impossible.

Cette inflammation est la plupart du temps assez longue à guérir. Laissez votre chien au repos sur un terrain non sablonneux; évitez le gravier, le ciment et l'humidité. Des bains astringents à base d'alun le soulageront. Vous pouvez également vaporiser une solution antiseptique qui formera une pellicule isolante sur les lésions.

Les chiens perdus ou épuisés

Le fait de s'égarer et d'être épuisé est plus fréquent chez les tout jeunes chiens, mais il se peut fort bien que cela arrive à un Épagneul breton adulte.

Il faut parfois plusieurs jours de recherche avant de retrouver son chien. L'animal épuisé cherchera à se désaltérer et se rapprocher des habitations dans l'espoir d'être nourri; étant un chien de maison, il n'est pas capable de subvenir lui-même à ses besoins, car il a l'habitude d'être ponctuellement servi par son maître.

À partir du troisième jour de jeûne environ, un chien citadin peut devenir méchant. La soif et la faim peuvent le rendre fort dangereux; évitez le contact entre votre Épagneul breton et un chien dans cet état. Essayez d'enfermer ce chien perdu et donnez-lui à boire et à manger raisonnablement. Prévenez la police locale et surveillez les avis de recherche publiés dans les annonces classées.

Les fractures

Il y a quatre genres de fractures: fermées, ouvertes, comminutives et composées.

La *fracture fermée* est la plus fréquente: l'os se casse sans sortir du membre du chien. La réduction de la fracture fermée est la plus facile. Par contre, quand l'os sort du membre, il s'agit d'une *fracture ouverte*. L'os provoque des blessures externes qui entraînent certaines complications. Quand l'os se casse en plusieurs morceaux, il s'agit d'une *fracture comminutive*. Quand l'os provoque des déchirures externes tout en se cassant en plusieurs morceaux, il s'agit d'une *fracture composée*.

Que devez-vous faire en cas de fracture? Nous vous conseillons, comme premiers soins, de désinfecter et de nettoyer les blessures faites par les fractures ouvertes. Enlevez les fragments osseux. Immobilisez le membre du chien à l'aide d'une petite planche et tenez-le tranquille jusqu'à ce que vous ayez réduit la fracture. Une des principales causes de fracture est la circulation routière qui augmente sans cesse. Vous pourriez au moins partiellemen éviter ces accidents en ne laissant pas votre Épagneul breton se promener seul, en prenant garde de l'appeler de façon inconsidérée, l'obligeant à traverser une rue pour venir vous rejoindre, ou encore en le dressant de façon à limiter ce type d'accident.

La fracture de la colonne vertébrale est une des plus graves conséquences de la collision: elle entraîne la paralysie du train postérieur, au mieux, ou la mort. Il est préférable d'abréger les souffrances de votre compagnon s'il a subi une telle fracture.

Il en est de même si les fractures sont accompagnées de la rupture d'un organe interne: dans la plupart des cas, n'ayez pas trop d'espoir quant aux chances de survie de votre chien.

Les piqûres d'insectes

Les piqûres d'insectes, comme celles des abeilles, des frelons et des guêpes, sont moins dangereuses qu'une morsure de vipère. Néanmoins, dans les cas sérieux, consultez votre vétérinaire. Dès que le chien a été piqué, tamponnez la région touchée avec du vinaigre ou du poireau frais. Certains chiens sont allergiques à ces piqûres et leur vie peut être en danger. Si votre vétérinaire n'est pas à proximité, amenez votre chien à la clinique la plus proche.

Les orties

Votre Épagneul breton, en traversant des touffes d'orties, pourrait attraper une certaine forme d'urticaire. Très rapidement, il éprouvera une sensation de brûlure et un prurit violent, surtout là où sa peau est très fine. D'instinct, votre chien se léchera compulsivement et les poils contaminés par l'urticaire peuvent malheureusement pénétrer dans ses muqueuses respiratoires, provoquant à la limite l'asphyxie.

Appliquez une pommade ou une lotion antiprurigineuse et calmante sur les parties du corps atteintes d'urticaire. Vous pouvez également appliquer une solution d'eau froide vinaigrée.

L'électrocution

Si votre chien est bien portant et pas excessivement nerveux, les clôtures électriques ne sont pas vraiment dangereuses. Si par malheur votre Épagneul breton touche une installation électrique mal isolée ou mord un fil, il perdra connaissance. Donnez-lui la respiration artificielle: couchez-le sur le côté, puis poussez sur ses côtes toutes les deux secondes environ.

Les intoxications

L'Épagneul breton peut être empoisonné par une main criminelle, mais il peut aussi l'être accidentellement s'il absorbe des produits toxiques répandus sur le sol pour détruire les rats ou d'autres bêtes nuisibles. La composition chimique de ces produits est fort différente de l'un à l'autre, aussi leurs effets sur l'organisme sont-ils très variés. Consultez au plus vite votre vétérinaire. Malheureusement, certains produits toxiques comme la strychnine et la noix vomique ont un effet foudroyant, et rien ne pourra sauver l'animal.

Les brûlures

Les brûlures sont moins rares qu'on ne le pense. Méfiez-vous des pique-niques à la campagne. S'il se brûle, votre Épagneul breton peut devenir fou furieux. À la suite de l'affaiblissement physiologique brusque (collapsus) qui succède à une destruction de l'épiderme, les brûlures sont dangereuses et fort douloureuses, voire mortelles.

Le brûlures se divisent en trois catégories selon leur gravité. Les *brûlures du premier degré* sont les plus légères: la peau présente un rougissement et la brûlure évolue vers une inflammation érythémateuse; votre chien éprouve de la douleur. Les *brûlures du second degré* se caractérisent par la formation de petites ampoules qui, en éclatant, libèrent un liquide séreux et donnent naissance à des plaies qui se cicatriseront. Les *brûlures du troisième degré* sont les plus graves. Il s'agit d'une carbonisation des tissus, suivie de la formation d'une croûte qui disparaîtra avec la cicatrisation.

Commencez par bloquer la mâchoire de l'Épagneul breton avec un bâton. Les brûlures se soignent par des bains froids de solution borique à 3 p. 100 et par des applications de poudre absorbante. Comme premiers soins, appliquez de l'huile d'olive, de la vaseline, de la pommade à la lanoline ou à l'ichtyol, du blanc d'œuf battu, du beurre, de la margarine ou de la graisse animale. Percez les ampoules pour en faire sortir le liquide en appliquant sur la blessure une poudre antiseptique. N'oubliez jamais de commencer par désinfecter la plaie à l'aide d'une poudre absorbante.

Si c'est une substance chimique qui a provoqué la brûlure, vous pouvez neutraliser son action avec une substance alcaline si l'agent en cause est un acide ou avec une préparation acide, si la brûlure est provoquée par une base.

Les corps étrangers

L'Épagneul breton, comme tout autre chien, peut avaler divers corps étrangers. Ce sont les chiots qui doivent être le mieux surveillés. La liste des objets dangereux est longue et il est impossible de les énumérer tous. Prenons quelques exemples: les aiguilles de couturière peuvent se planter dans la gorge ou dans la langue. Le chien hurlera et bavera; il ne pourra plus manger. Un chiot, ou même un chien adulte, peut avaler par inadvertance un morceau de jouet en caoutchouc, un noyau de pêche, un os de côtelette, un caillou ou un bouchon.

N'essayez pas d'intervenir vous-même, vous pourriez être mordu et faire au chien plus de mal que de bien. Emmenez-le chez votre vétérinaire. Vous constaterez d'ailleurs la gravité de son état si vous le voyez vomir «jaune» et si son abdomen semble douloureux. Votre vétérinaire effectuera une palpation et une radiographie. Il pourrait être obligé d'inciser l'estomac ou les intestins. Par conséquent, ne laissez pas traîner des objets pouvant être avalés et apprenez à vos enfants à ne jouer qu'à des jeux inoffensifs afin d'éviter une intervention chirurgicale à votre chien.

Les épillets

Les épillets, surnommés les folles avoines, peuvent se planter entre les doigts, dans le nez et dans les oreilles du chien et provoquer des abcès et des inflammations. L'oreille y est particulièrement vulnérable; les petits épillets se glissent progressivement au fond du conduit auditif où ils demeurent coincés. L'Épagneul breton deviendra nerveux, penchera la tête du côté atteint et la secouera violemment. Dès que vous remarquerez ces symptômes, soignez-le immédiatement en lui enlevant l'épillet à l'aide d'une petite pince. Si, dès les premiers symptômes, l'extraction est facile, vous aurez par contre des difficultés à repérer un épillet enfoncé trop loin. Consultez votre vétérinaire qui, grâce à l'otoscope, en viendra à bout.

Si vous ne vous en occupez pas, une otite inflammatoire et une suppuration risquent fort de s'installer et de conduire au catarrhe auriculaire chronique. Comme nous le faisions remarquer, l'épillet se loge fréquemment dans les espaces interdigitaux; il peut provoquer un abcès qui devra être largement incisé et débarrassé du corps étranger. Si cela n'est pas fait, l'épillet continuera son chemin tout au long des gaines tendineuses ou musculaires et pourra provoquer, dans une région éloignée de son point d'impact, des abcès successifs.

Les morsures de reptiles

Les lèvres, la truffe et l'extrémité des membres du chien sont les endroits les plus exposés aux morsures de serpent. Votre Épagneul breton se mettra habituellement à vomir et poussera des hurlements de douleur. Vous remarquerez dans la région atteinte une plaie tuméfiée et violacée qui deviendra douloureuse, s'enflammera et prendra la forme d'une auréole. Cette morsure sera plus dangereuse si la vipère n'avait pas mordu depuis sept jours; elle injectera alors au chien tout son venin. Plus l'animal est jeune, plus cette morsure peut être mortelle.

Il faudra intervenir très rapidement en faisant saigner abondamment la plaie par une incision au couteau, puis en la suçant et en recrachant le venin. Placez un garrot au-dessus de la lésion. Lavez-la avec de l'eau javellisée (4 ou 5 cuillerées à soupe par litre d'eau) ou avec une solution de permanganate contenant 1 comprimé pour 250 ml d'eau. Finalement, faites au chien une injection de sérum antivenimeux. Emportez toujours ce sérum dans vos bagages quand vous emmenez votre chien à l'extérieur de la ville.

La couleuvre mord parfois; bien que douloureuse, sa morsure est sans danger pour votre compagnon.

Le danger des élastiques

Ne mettez jamais un élastique autour du museau ou de la patte de votre Épagneul breton, car il s'incrusterait rapidement dans la peau et provoquerait une inflammation aggravée par les poils et l'exsudation. Il faudrait alors l'exciser. Faites bien comprendre à votre entourage, surtout aux enfants, qu'il s'agit là d'un jeu fort dangereux.

Les maladies

Les symptômes de maladie chez votre Épagneul breton

Bien que de constitution robuste, votre Épagneul breton demeure vulnérable à la maladie. Comme tous les autres animaux, le chien manifeste par des signes très clairs qu'il est sur le point d'être malade. Il est évidemment plus facile d'y être attentif si l'animal vous appartient; à force de vivre avec lui, vous saurez repérer rapidement les signes avant-coureurs et vous pourrez alors faire le nécessaire, avant que la maladie qui couve ne devienne grave ou même chronique.

Si vous remarquez un changement dans ses habitudes quand il joue, s'il change d'humeur ou que son comportement aux repas est différent, s'il se laisse traîner pendant la promenade ou s'il est tout simplement triste, faites-lui subir un examen complet: mieux vaut prévenir que guérir.

Votre chien ne peut parler, mais il s'exprimera par des signes extérieurs. Il commencera par se désintéresser de sa nourriture et des jeux. Il ne cherchera plus la compagnie des autres et voudra rester seul; il refusera de faire sa promenade et aura l'air indifférent. Ne perdez pas votre calme lorsque vous remarquez ces symptômes chez votre Épagneul breton, n'essayez pas de le forcer à manger ou à vous obéir.

Lorsque la maladie se développe, vous remarquerez que sa truffe est plus chaude que d'habitude; elle deviendra également sèche et rêche. Prenez la température de votre chien à l'aide d'un thermomètre médical introduit dans l'anus. La température normale de votre compagnon, s'il est en bonne santé, ne devrait pas dépasser 39 °C. Vérifiez également son pouls en appuyant votre doigt sur la veine à l'intérieur de la cuisse; normalement, vous devriez compter de 70 à 120 pulsations par minute. Cette marge de 50 pulsations oscille selon les mouvements de repos et les moments de surexcitation ou d'activité.

Apprenez à diagnostiquer au plus vite les diverses maladies dont nous allons énumérer les symptômes plus loin, afin que votre Épagneul breton reçoive les soins appropriés au plus tôt et que l'évolution de la maladie soit enrayée. Par exemple, la rage se caractérise par certains symptômes: le chien a toujours la gueule ouverte, il n'aboie plus de la même façon et il a toujours envie de mordre.

En résumé, il faut toujours surveiller les changements de comportement de votre chien, son manque d'appétit et son besoin de solitude, car ce sont là les premiers symptômes de toute maladie.

Les causes de maladie chez votre Épagneul breton

Vous n'avez pas spécialement à vous inquiéter des maladies que votre Épagneul breton pourrait contracter; comme nous vous l'avons dit, ce chien est robuste et n'a donc pas, généralement, de graves problèmes de santé.

Néanmoins, il vous faut savoir que certains animaux sont prédisposés à la maladie et que, malgré de bons soins, ils auront toujours des problèmes de santé.

Si vous gardez votre Épagneul breton dans votre appartement, il pourrait être sujet à l'eczéma; prévenez cette maladie en lui faisant faire beaucoup d'exercice au-dehors.

Nous n'allons pas voir en détail les causes de faiblesse chez certains Épagneuls bretons puisque la plupart d'entre eux sont solides comme le roc; il arrive que certains croisements produisent des spécimens plus sensible aux maladies, et particulièrement à la gourme. À titre préventif, évitez d'exposer les chiots à l'humidité ou à des changements de température trop brusques. Cette tendance ne doit pas vous inquiéter outre mesure; elle peut être maîtrisée et neutralisée par des mesures d'hygiène très strictes et par une surveillance constante de la condition physique de votre chien.

Les soins à l'Épagneul breton

Le chien peut habituellement être soigné de la même manière que l'humain. Il doit absorber des médicaments, recevoir des injections ou subir parfois des interventions chirurgicales. Le grand problème, c'est qu'il ne parle pas... Il ne peut pas vous expliquer pourquoi il déteste certains médicaments alors qu'il en prend d'autres bien volontiers. Voici une bonne méthode pour lui administrer un médicament qu'il n'aime pas: introduisez-le sur le côté de sa gueule. Calmez l'animal en lui parlant doucement; d'une main, tenez la cuillère contenant le médicament, et de l'autre, soulevez la lèvre du chien; vous allez découvrir une cavité, près de l'angle de la mâchoire, où il vous sera facile de verser le contenu de la cuillère. L'Épagneul breton l'avalera naturellement.

Si vous avez des soins prolongés à donner à votre chien, utilisez des «cuillères couvertes» spécialement conçues pour faciliter l'introduction d'un médicament dans la cavité de la lèvre inférieure. S'il s'agit d'un médicament en poudre ou en gouttes, mélangez-le avec de l'eau, de la viande hachée, du sucre, du lait, du pain ou tout autre ingrédient.

Vous n'aurez aucune difficulté à faire une injection à votre chien, sauf une intraveineuse. N'oubliez jamais de stériliser convenablement la seringue et d'éliminer les bulles d'air qui se forment dans son réservoir. Désinfectez toujours à l'alcool la région qui doit être piquée. Quant à l'intraveineuse, elle relève des compétences du vétérinaire. Il fera l'injection dans la veine saphène qui se trouve sous le jarret.

Les lavements vaginaux, les clystères et les diverses applications externes ne devraient pas vous poser de problèmes particuliers. Liez bien les bandages car votre Épagneul breton essaiera de les enlever.

Soyez patient et compréhensif; soignez votre chien dans une atmosphère de calme. Vous verrez comme il sera alors plus facile de le remettre sur patte.

Les parasites externes
Les puces

La puce est de loin le parasite externe le plus commun chez le chien. Habituellement, les morsures de puce causeront des démangeaisons et des lésions dont la gravité est souvent proportionnelle au nombre de morsures. Toutefois, votre Épagneul breton peut développer une allergie à la salive de puce. Dans ce cas, le nombre de morsures importe peu. Quelques-unes par semaine suffiront pour entretenir des démangeaisons intenses et des lésions cutanées plus ou moins sérieuses. Dans le cas d'une dermatite causée par l'allergie aux piqûres de puce (DAPP), l'éradication des parasites se trouvant dans l'environnement et sur votre Épagneul breton est primordiale. Il existe sur le marché un nombre incroyable de produits antiparasitaires: shampooing, crème de rinçage, poudre, aérosol, collier, etc. Votre vétérinaire saura vous conseiller le meilleur, selon le degré d'infestation, l'âge et l'état de santé de votre Épagneul breton, selon qu'il souffre ou non d'allergie aux piqûres de puce, etc. Finalement, mentionnons que la puce est l'hôte intermédiaire d'un ver plat, le *Dipylidium caninum,* et qu'elle peut transmettre ce ver solitaire. Un chien parasité par les puces l'est souvent aussi par les vers plats.

Les tiques

Les tiques se manifestent le plus souvent en été. Elles ont la particularité d'enfoncer la tête dans la peau d'un hôte pour se nourrir de son sang, d'où la difficulté à les éliminer. Il ne faut surtout pas tirer sur la tique, car on n'arracherait que son corps, alors que la tête resterait incrustée dans la peau du chien. Il est préférable de recourir aux produits antiparasitaires.

Les poux

Heureusement plus rares, ces parasites externes peuvent à l'occasion infester les chiens. Des bains antiparasitaires en viendront à bout dans la majorité des cas.

Les mites

Les mites d'oreille (otoacariase), fréquentes chez le chien, ressemblent à des araignées microscopiques; elles vivent et se reproduisent dans le conduit auditif externe de l'oreille. Leurs morsures irritent le conduit, causant une otite parasitaire qui se manifestera par la présence de croûtes brunâtres (sang desséché) à l'intérieur de l'oreille. Le chien se grattera les oreilles et secouera la tête fréquemment. L'otoacariase est très contagieuse pour tous les quadrupèdes de la maisonnée. On parviendra à l'éliminer par l'application régulière d'une préparation otique prescrite par votre vétérinaire. Une anesthésie générale sera parfois nécessaire pour permettre un nettoyage préalable.

La gale sarcoptique

La gale sarcoptique est causée par une mite (la sarcopte) qui creuse des tunnels dans la peau. Elle se manifeste par des démangeaisons intenses. La peau sera rouge, croûtée et sujette à des infections bactériennes secondaires. La gale est contagieuse pour les autres chiens, mais aussi pour l'homme. Votre vétérinaire devra intervenir rapidement.

La toxocarose

La toxocarose, maladie provoquée par un parasite appelé *Toxocara canis*, n'affecte pas le chien lui-même; c'est plutôt l'homme qui risque d'en souffrir davantage, car elle est transmise par les excréments de chiens déposés notamment dans les lieux publics. En France seulement, de 10 à 50 p. 100 des chiens en seraient porteurs.

Une fois dans l'environnement, les œufs microscopiques et fort résistants du parasite se répandent dans les aires de jeux, les bacs à sable et les habitations, utilisant comme véhicules les pattes des animaux domestiques ou nos semelles de chaussure. L'humain, particulièrement les enfants, se trouve ensuite contaminé car il avale ces œufs lorsqu'il porte ses mains souillées à la bouche. Les symptômes les plus fréquents de cette maladie sont la fatigue, les douleurs abdominales, les allergies, les troubles neuropsychologiques et les affections articulaires ou pulmonaires.

En Europe, les pouvoirs publics sont vertement critiqués et accusés de négliger ce sérieux problème. En outre, des études tant européennes que nord-américaines en sont arrivées à conclure que l'incidence de cette maladie serait largement sous-estimée et que la situation est plutôt alarmante. La riposte à cette infection étant loin d'être parfaite, on ne peut, pour l'instant, que vous conseiller d'administrer régulièrement un vermifuge à votre chien... et de consulter votre médecin si vous présentez les symptômes reconnus.

La gale démodectique

La gale démodectique (démodécie) est causée par une mite qui envahit les follicules pileux, occasionnant une chute de poils plus ou moins généralisée. Héréditaire mais pas du tout contagieuse, sa forme généralisée s'avère cependant le problème cutané le plus pénible à traiter.

La teigne

La teigne n'est pas causée par un parasite, mais plutôt par un champignon microscopique (fongus). Les zones dépilées, de forme plus ou moins circulaires, auront tendance à s'étendre. En plus d'être contagieuse pour les chats et les autres chiens, elle l'est également pour les humains et plus spécialement pour les enfants. En cas de lésions suspectes, consultez votre vétérinaire sans tarder.

La dirofilariose

La dirofilariose (vers du cœur), présente depuis longtemps dans le sud et l'est des États-Unis, prend maintenant de l'ampleur et s'étend depuis quelques années dans la majeure partie de l'Amérique du Nord.

Comme son nom l'indique, il s'agit de vers qui s'accumulent dans les cavités du cœur droit et dans les artères adjacentes. La présence de vers adultes (mesurant jusqu'à 35 cm de long) augmente de façon considérable la charge de travail du cœur et restreint l'apport sanguin aux poumons, au foie et aux reins. Si l'infection persiste et n'est pas traitée, il en résultera une insuffisance cardiaque qui aboutira éventuellement à la mort du chien.

Ces parasites sont transmis par les moustiques. Le chien attrapera cette maladie s'il se fait piquer par un moustique qui a, au préalable, piqué un chien infesté. Il transmettra ainsi les microfilaires (forme immature du ver qui circule dans les vaisseaux sanguins). Évidemment, la transmission n'est possible que durant la saison des moustiques. Une fois infecté, l'animal peut mettre un an avant de montrer les signes de cette maladie qui, à ce moment, peut avoir atteint un stade très avancé.

Heureusement, il existe maintenant plusieurs techniques efficaces pour diagnostiquer et traiter une infestation de vers du cœur. Il existe aussi une excellente thérapie préventive qui permet d'éviter en grande partie les coûts et les soucis reliés à cette maladie.

Les parasites internes

Plusieurs sortes de vers intestinaux peuvent parasiter votre Épagneul breton.

Les ascaris

Les ascaris (vers ronds) sont les plus fréquents. Ils sont blancs, ronds et effilés aux deux extrémités; leur longueur varie de 2,5 à 12 cm. La majorité des chiots en sont infestés. Si votre Épagneul breton en est porteur, il pourra présenter des symptômes comme l'amaigrissement général et le gonflement du ventre. Il sera sujet à la diarrhée ou aux vomissements. On pourra même trouver des vers ronds dans le vomitus ou dans les selles. Chez les chiens plus âgés, les symptômes sont plus discrets; seule une analyse microscopique des selles confirmera le diagnostic; car le vétérinaire y trouvera les œufs des vers attestant la présence de parasites adultes dans l'intestin de votre Épagneul breton.

Les chiots sont traités de façon systématique. Les vermifuges d'usage courant sont habituellement efficaces contre les ascaris.

Le trichuris

Le trichuris (ver à fouet), deuxième parasite intestinal, mesure environ 4 à 6 cm de longueur et vit dans le gros intestin. Une infestation massive entraînera des symptômes semblables à ceux qui sont présentés par l'infection aux ascaris.

Le ver à crochet

Le ver à crochet, troisième parasite interne, se fixe à la paroi intestinale et se nourrit de sang. Sa présence massive peut entraîner une anémie sérieuse.

Les ténias

Les ténias (vers plats) appartiennent à la famille du ver solitaire de l'homme. Il en existe plusieurs types qui varient selon «l'hôte intermédiaire» — une puce ou un rongeur, par exemple — mais qui ne causeront généralement que peu de symptômes (léger amaigrissement et diarrhée occasionnelle). On peut retrouver des segments de ténias séchés, ressemblant à des grains de riz, autour de l'anus; dans ce cas consultez votre vétérinaire qui prescrira le médicament adéquat.

Si vous avez décidé de nourrir votre chien avec de la viande crue, assurez-vous de sa provenance car il ne faut pas oublier que le ténia échinocoque vivant dans les viscères des porcs et des bovins peut vous contaminer. De même, le ténia margine qui passe de l'état d'œuf à celui de larve dans l'estomac de certains porcs et moutons peut présenter un sérieux danger pour votre compagnon. Méfiez-vous également des cervelles de bœuf et de mouton ainsi que des viscères de lapin et de lièvre.

En plus de ces différents vers intestinaux, d'autres infections telles que la coccidiose et la giardiose peuvent occasionner des désordres intestinaux. Les traitements diffèrent d'une maladie à l'autre; par l'analyse des selles, le vétérinaire pourra identifier le parasite en cause et soigner votre Épagneul breton.

Les maladies infectieuses

Votre Épagneul breton est susceptible de contracter certaines maladies infectieuses: la maladie de Carré (distemper), l'hépatite infectieuse, la parvovirose, la toux de chenil, la rage ou la piroplasmose; elles peuvent être graves et souvent mortelles. Heureusement, il existe aujourd'hui des vaccins efficaces pour les contrer.

La maladie de Carré (distemper)

Cette maladie est sans doute la plus connue et, à juste titre, la plus redoutée par les propriétaires de chiens. Évidemment contagieuse, elle frappe surtout les chiots élevés en grand nombre, car ils sont davantage exposés à la contagion. Il faut donc user de la plus grande prudence à l'égard de certains chenils ou boutiques d'animaux lorsqu'on désire acheter un chien.

La maladie de Carré est causée par un virus qui s'attaque à plusieurs systèmes vitaux, y compris le système nerveux. Ses symptômes sont nombreux: perte d'appétit, écoulement purulent du nez et des yeux, toux, vomissements et diarrhée. Si de rares chiots survivent à la «phase digestive et respiratoire», ils succomberont à l'invasion du système nerveux par le virus, après avoir souffert d'incoordination, de tremblements et d'une paralysie progressive. Les chiens adultes sont un peu plus résistants à l'infection et ont quelques chances d'y survivre, contrairement aux chiots. Pas d'affolement cependant: bien que la maladie de Carré soit relativement fréquente, les gastro-entérites et les bronchites — qu'on traite généralement avec succès — le sont encore davantage. La meilleure prévention réside dans la vaccination, qui a fait ses preuves depuis plusieurs années. La forte incidence des cas de mortalité encore causés par le distemper est entièrement attribuable au manque de prévention.

L'hépatite infectieuse

L'élimination presque complète de cette maladie a été rendue possible grâce à des programmes de vaccination efficaces. Cette maladie virale se rapproche beaucoup du distemper tant par sa gravité que par ses symptômes. Par contre, elle ne cause pas de paralysie et n'est pas toujours fatale. La seule façon de l'éviter reste encore le vaccin, qui est habituellement combiné à celui de la maladie de Carré.

La rage

Cette terrible maladie était, avant que Pasteur ne découvre le sérum antirabique, le cauchemar de tous les propriétaires d'animaux. Bien que la rage ne soit pas totalement enrayée, elle est maintenant maîtrisée et vous pouvez désormais immuniser votre chien. Néanmoins, il est absolument nécessaire que vous sachiez reconnaître les symptômes de cette maladie virale très contagieuse, qui peut frapper tout animal à sang chaud, l'homme y compris, et qui s'attaque au système nerveux des victimes, entraînant des changements de comportement — une plus grande agressivité, par exemple — suivis de la paralysie et de la mort.

Un des premiers symptômes de la rage est le besoin de solitude de votre chien. On ne peut toutefois s'y fier entièrement puisque ce besoin se manifeste également dans d'autres maladies. L'inverse peut d'ailleurs se produire: votre chien peut devenir soudainement joyeux. Il faut distinguer la rage furieuse de la rage muette. S'il a la *rage furieuse,* le chien aboie et mord; furieux et menaçant, il voudra mordre les personnes et les objets, au risque de se briser les dents. S'il a la *rage muette,* il restera calme, sans aboyer, la gueule ouverte; il deviendra insensible à la douleur.

Dans les deux cas, il s'éloignera instinctivement de la maison et vous ne le reverrez pas avant deux ou trois jours. Pendant ce temps, il errera et avalera n'importe quoi et du sang sera mêlé à ses selles. Il cherchera à boire, tourmenté par la soif. Il ne reviendra dans la maison de son maître que pour y mourir. Ses paupières s'abaisseront; il aura le regard vitreux et fuyant. Il tentera de se gratter la gorge comme s'il avait avalé quelque chose qui ne passe pas. La paralysie commencera par frapper les membres postérieurs, puis s'étendra à tout le corps.

La seule façon de contracter la rage, tant pour votre Épagneul breton que pour vous, c'est d'être mordu par un animal enragé ou d'entrer en contact direct avec sa salive. Le virus peut pénétrer par une plaie, même minuscule. Les principaux propagateurs de la rage sont les renards et les mouffettes.

Ne confondez pas la rage avec une crise d'épilepsie. Pendant une telle crise, le chien aura également des convulsions et de l'écume aux lèvres, mais cela ne durera que quelques minutes et n'a aucune commune mesure avec la rage. Après un examen minutieux, votre vétérinaire pourra déterminer en deux jours si votre chien est atteint ou non de la rage.

Si vous soupçonnez que votre animal est enragé, le mieux est de consulter rapidement votre vétérinaire qui établira la ligne de conduite appropriée. Il ne faut surtout pas tuer le chien en question, particulièrement s'il a déjà mordu quelqu'un.

Pour diagnostiquer la rage, votre vétérinaire mettra votre compagnon en quarantaine; si l'animal meurt naturellement ou par euthanasie, son cerveau sera examiné lors d'une autopsie.

On peut prévenir le développement de la maladie chez l'humain grâce à une série d'injections administrées le plus rapidement possible après la morsure. Si les signes cliniques sont déjà présents, la maladie est mortelle. Si vous êtes mordu par un animal sauvage ou errant, à l'allure bizarre, lavez et désinfectez la plaie immédiatement et ne tardez pas à consulter votre médecin. Néanmoins, ne confondez pas un chaton un peu fou ou un peu trop enjoué, ou encore un chien de nature agressive, avec un animal enragé. Un programme de vaccination adéquat demeure le meilleur outil pour lutter contre la rage.

Les morsures de chiens

Le nombre de chiens augmentant sans cesse (en France seulement on en dénombre neuf millions), le nombre d'humains qui consultent leur médecin pour une morsure de chien est également à la hausse. L'Académie nationale de médecine estime que cet accroissement est lié non seulement à l'augmentation de la population canine, mais aussi à la recrudescence de la rage dans certaines régions. Les biopsies effectuées sur les morsures révélant une nouvelle diversité de la flore bactérienne, on en conclut qu'une plus grande variété de germes est désormais à incriminer.

Généralement, la plaie causée par une morsure de chien peut évoluer de deux façons: l'évolution bénigne, marquée par une réaction inflammatoire douloureuse, est la règle. En l'absence d'un traitement adéquat, la lésion dégénère et devient purulente.

Si vous êtes mordu par un chien, consultez votre médecin sans tarder. Il cherchera d'abord des indices d'une possible contamination rabique et vous traitera efficacement.

La piroplasmose

Le *piroplasma canis* est le parasite responsable de la piroplasmose (fièvre des tiques). Cette maladie semble inexistante en Amérique du Nord, mais elle fait des ravages en Europe.

Il s'agit d'une maladie du sang qui est contagieuse. Si vous vous y prenez suffisamment tôt, vous en viendrez facilement à bout. Mais si elle n'est pas rapidement soignée, votre Épagneul breton peut en mourir.

La tristesse et la fatigue sont les premiers symptômes de la piroplasmose. Votre chien perdra ensuite l'appétit et sa température montera à 40 ou 41 °C. Vous trouverez facilement sur le corps de votre chien malade des tiques vivantes et remplies du sang de leur victime, ce qui précisera le diagnostic. L'urine de l'animal prendra une teinte rouge foncé.

La guérison dépendra de la rapidité de votre intervention à partir du moment où vous aurez décelé les premiers symptômes de la maladie. La convalescence sera longue et durant cette période votre chien pourra souffrir de troubles néphrétiques ou hépatiques. Laissez-le se reposer pendant deux ou trois semaines: pendant la maladie la rate s'hypertrophie et peut éclater si votre Épagneul breton s'agite trop ou fait des exercices trop violents.

Il n'existait pas, jusqu'à ces derniers temps, de vaccination préventive. Une firme pharmaceutique française, l'institut Mérieux, vient de mettre au point le premier vaccin contre cette maladie qu'on a déjà commercialisé en France. Il devra permettre, dans un premier temps, de protéger les trois cent mille à quatre cent mille chiens qui, chaque année en France, souffrent de cette maladie, mortelle dans 5 p. 100 des cas.

En cas de maladie déclarée, seuls les traitements d'urgence effectués par votre vétérinaire pourront sauver votre animal de la jaunisse et souvent de la mort. On peut aussi prévenir cette maladie dans les régions où elle sévit en détruisant directement les tiques au moyen d'un insecticide efficace.

Les affections des yeux

Il est bon de se rappeler quelles sont les parties externe de l'œil. La *cornée* est l'enveloppe transparente centrale qui recouvre la pupille et l'iris; la *sclérotique* est la partie blanche de l'œil; la *conjonctivite* est la membrane transparente qui recouvre la sclérotique et tapisse les paupières; le *cristallin* est la lentille normalement transparente à l'intérieur de l'œil.

Les affections des yeux sont nombreuses. Citons la blépharite (inflammation des paupières), la kératite (inflammation de la cornée), la conjonctivite (inflammation de la conjonctive) et les cataractes (opacification du cristallin).

Les causes des affections oculaires sont aussi multiples: infection bactérienne ou virale, trauma, corps étranger, cancer, maladie métabolique — la cataracte diabétique, par exemple — ou d'origine héréditaire — malformation des paupières, glaucome, atrophie de la rétine, cataracte — et autres.

Les yeux de votre Épagneul breton sont précieux, il faut donc éviter de vous improviser «ophtalmologiste» et soigner «à l'aveuglette» le problème oculaire de votre Épagneul breton. Il est important de consulter votre vétérinaire dans les plus brefs délais si vous croyez que votre chien souffre d'un problème oculaire. Il pourra ainsi émettre un diagnostic précis et prescrire les médicaments appropriés de façon à prévenir des complications désastreuses.

La conjonctivite

Il s'agit de l'inflammation de la conjonctivite, qui devient rouge et gonflée. L'inflammation pourra être aiguë, chronique, catarrhale ou purulente. Pour la traiter, lavez l'œil atteint avec une solution boriquée en enlevant, si nécessaire, le pus à l'aide d'un tampon de gaze trempé dans de l'eau bouillie et tiède. Enlevez délicatement avec une pincette les cils qui auraient pu pénétrer dans l'œil. Si des poils gênent, coupez-les avec des ciseaux. Appliquez du collyre antibiotique toutes les deux heures et une pommade à base de sulfamides et d'antibiotiques pendant deux ou trois nuits de suite. Espacez la médication au fur et à mesure que l'Épagneul breton guérit. Gardez l'animal à l'abri de la lumière, au repos et dans un endroit où il ne sera pas dérangé. En l'éloignant des sources de lumière, vous préviendrez une rechute possible.

L'entropion

Cette maladie est caractérisée par le renversement des paupières vers l'intérieur, contre la conjonctive. Les cils irriteront la conjonctive et provoqueront l'apparition d'une conjonctivite ou d'une kératite. La cornée sera ulcérée. Dans la plupart des cas, l'entropion est congénital. Vous vous adresserez à votre vétérinaire, qui soulagera votre compagnon par une intervention chirurgicale.

La kératite

Cette inflammation se traduit par une opacité partielle ou totale de la cornée. Lavez très soigneusement l'œil avec une solution boriquée. Appliquez localement une pommade ophtalmique à l'oxyde jaune de mercure ainsi qu'une pommade antibiotique, comme vous le conseillera votre vétérinaire.

La blépharite

Il s'agit de l'inflammation des paupières provoquée le plus souvent par un facteur externe et traumatisant comme une piqûre d'épine ou d'insecte ou une blessure. Nettoyez bien l'œil avec une solution boriquée à 3 p. 100. Appliquez des compresses tièdes de camomille pendant environ un quart d'heure, puis, pour terminer, une pommade antiseptique sédative, à usage ophtalmique, selon l'usage commun.

Le glaucome

Cette maladie se caractérise par la dilatation de la pupille, l'opacité de la cornée et le durcissement du globe. Pour guérir votre Épagneul breton, vous devrez le faire hospitaliser. La guérison est, avouons-le, fort aléatoire.

La dégénérescence du pigment de la cornée

Il n'y a aucun traitement pour cette maladie. Il s'agit de l'infiltration d'un pigment brun et noir qui peut recouvrir partiellement ou complètement la surface de la cornée, comme si une membrane faisait le tour du globe oculaire.

L'ulcère chronique

L'ulcère chronique se manifeste sans infection ni suppuration interne. Soignez le chien avec des gouttes et une pommade à base d'antibiotiques et de cortisone, avec l'accord de votre vétérinaire, bien sûr. Mettez les gouttes le matin et la pommade le soir.

Il est très important de ne pas employer les gouttes et la pommade antibiotique si l'ulcère est infecté; vous ne feriez que l'aggraver, car cela bloquerait l'action des mécanismes de défense de l'animal.

L'ulcère de la cornée

L'ulcère de la cornée est la maladie de l'œil la plus grave. Elle se caractérise par l'opacité de la cornée et la rugosité de sa surface. Vous décèlerez ces symptômes en regardant l'œil obliquement sous une lumière assez forte. Vous verrez une auréole grise autour de l'ulcère. Cette auréole peut s'étendre à toute la cornée et à l'iris de l'œil.

Pour les *petits ulcères* d'environ 1 mm de long, administrez à votre Épagneul breton des gouttes antibiotiques toutes les trois heures et frottez l'ulcère avec une pommade à base d'antibiotiques trois fois par jour. Avant de commencer le traitement, vous devez avoir l'assentiment de votre vétérinaire.

Les *grands ulcères* sont accompagnés d'un rétrécissement de la pupille. Administrez quelques gouttes d'atropine une fois par jour, mais seulement après que votre vétérinaire vous en aura prescrit la dose exacte. Ce médicament devra être employé avec prudence afin que votre Épagneul breton n'en avale pas; ces gouttes sont très toxiques. Administrez-lui également aux deux heures des gouttes antibiotiques, après consultation du vétérinaire, et appliquez sur l'ulcère une pommade antibiotique le soir avant que le chien n'aille dormir.

Les *ulcères très graves* peuvent couvrir le tiers, sinon plus, de la cornée et provoquer un rétrécissement de la pupille et une suppuration. Vous devrez administrer des gouttes d'atropine trois fois par jour et appliquer des compresses d'eau froide distillée mélangée à quelques gouttes antibiotiques toutes les heures et demie. S'il n'y a pas d'amélioration, laissez votre vétérinaire prendre votre Épagneul breton en charge.

La cataracte

Cette maladie affecte principalement les chiens âgés. Elle peut également se manifester à la suite d'un traumatisme violent dû à une intoxication ou à d'autres maladies, comme le diabète. Les symptômes de la cataracte sont faciles à déceler: la pupille, normalement noire, devient blanche ou grise. Le traitement ne permettra pas, en général, de guérir votre Épagneul breton, il ne pourra qu'enrayer l'évolution de la lésion. On fait actuellement des essais pour adapter aux chiens les techniques employées pour les humains: mais, même si l'opération réussit, on peut se heurter à des problèmes postopératoires et à l'impossibilité de remédier à l'absence de cristallin par des lentilles.

Les maladies de l'oreille

Il est conseillé de peigner soigneusement les oreilles du chien qui peuvent retenir toutes sortes de parasites. Prenez également votre temps pour vous occuper du pavillon du conduit auditif. Servez-vous de cure-oreilles et d'un produit antiparasitaire, anti-inflammatoire et antibiotique que vous trouverez sur le marché.

L'otite externe

Il s'agit de l'inflammation du conduit auditif causée par le cérumen, la saleté ou l'introduction d'un corps étranger.

L'otite interne

L'otite interne est plutôt rare et il vous sera difficile de la distinguer de l'otite moyenne. Les principaux symptômes sont la fièvre, des troubles d'équilibre, une certaine surdité, une grande nervosité et des vertiges.

L'otite moyenne

L'otite moyenne est l'inflammation de la caisse du tympan provoquée par la présence d'un corps étranger ou par des lésions traumatiques. L'otite moyenne apparaît souvent par suite de complications d'une otite externe.

L'otite parasitaire

Comme la gale, cette maladie est provoquée par la présence d'un parasite du même genre que l'acarien. Ce parasite, le *symbiotes auriculare,* se fige dans le conduit auditif. Il sera nécessaire de faire un examen microscopique pour être certain du diagnostic. Un Épagneul breton atteint d'une otite parasitaire se gratte énergiquement, secoue la tête et est parfois sujet à de véritables crises nerveuses.

Traitement général des différentes otites

Assurez-vous de manière préventive de la propreté du conduit auditif. Quand une otite moyenne se déclare et qu'elle est purulente, faites des instillations (goutte à goutte) d'antibiotiques et de sédatifs. Quand il s'agit d'une otite parasitaire, nettoyez d'abord l'oreille et soignez-la ensuite avec les médicaments prescrits pour la gale. Il peut être utile d'ajouter au traitement local un traitement général à base de sulfamides. Vous n'administrerez les médicaments qu'après l'accord formel du vétérinaire.

L'ulcère du pavilon

L'ulcère du pavillon se manifeste par de petites plaies sur le bord extérieur de l'oreille. Soignez votre chien avec une poudre cicatrisante et avec une solution désinfectante. Bandez son oreille afin qu'il ne fasse pas d'hémorragie.

Diverses maladies
L'épilepsie

Les causes de l'épilepsie sont multiples. La forme la plus commune est héréditaire. Les crises d'épilepsie débutent habituellement chez le «jeune adulte» et augmentent en fréquence avec les années. Dans la forme héréditaire, les crises sont associées à un mauvais fonctionnement d'une région précise du cerveau, sans pour cela être liées à une lésion spécifique.

Votre vétérinaire prescrira un anticonvulsivant (le phénobarbitol) pour prévenir les attaques. Votre Épagneul breton devra en prendre pour le restant de ses jours, cette forme d'épilepsie étant malheureusement incurable.

Les crises sont imprévisibles: elles peuvent être fréquentes ou très espacées. Une peur soudaine ou une trop forte excitation peuvent les provoquer.

Les crises épileptiformes les plus courantes sont du type «grand mal». Le chien tombe sur le sol en agitant convulsivement les pattes («pédalage»), son cou se replie vers l'arrière, il bave abondamment, roule des yeux, la gueule pleine de bave; ses pupilles se dilatent et deviennent totalement insensibles à la lumière. Cela ne dure qu'une ou deux minutes, mais peut vous sembler parfois interminable! Au cours d'une crise, n'essayez surtout pas de tirer sa langue car, contrairement aux humains, les chiens ne l'«avalent» pas, et vous risqueriez de vous faire mordre: durant ces moments, votre chien n'a pas conscience de ses gestes.

Ne confondez pas cette forme d'épilepsie avec l'épilepsie réflexe provoquée par des vers intestinaux ou par la constipation; celle-ci n'est pas dangereuse et disparaîtra avec sa cause. Votre vétérinaire vous aidera à la distinguer de l'autre forme.

Les autres causes de crises sont moins fréquentes: citons les traumas, les infections (encéphalites), les empoisonnements, le cancer, etc. Le traitement et le pronostic varient selon la cause.

Enfin, signalons à l'éventuel propriétaire d'un Épagneul breton qu'il convient d'être extrêmement prudent s'il a décidé d'acquérir un chiot aux États-Unis; les cas d'épilepsie sont très nombreux chez les Épagneuls bretons américains. Méfiez-vous également des «lignées» de chiens dont le pedigree n'est pas parfait: dans le doute, abstenez-vous.

La gastro-entérite

Il s'agit d'une inflammation de l'estomac (gastrite) et de l'intestin (entérite). Les causes sont diverses: parasites intestinaux, agents infectieux, changements d'alimentation, etc. La gastro-entérite se manifeste par des vomissements et la diarrhée. En pareil cas, il faut faire jeûner l'animal pendant 24 heures et lui donner des glaçons ou de l'eau fraîche en petites quantités. Par la suite, il faut le nourrir fréquemment, par petites quantités, avec des aliments faciles à digérer comme le bœuf haché et le riz bouilli, et ce pendant quelques jours. Par contre, si le problème persiste ou s'il semble très sérieux, n'hésitez pas à consulter votre vétérinaire.

La bronchite

La bronchite peut s'attraper par temps humide ou froid. Elle peut aussi résulter de la complication d'un rhume. Vous remarquerez un échauffement de la truffe, une respiration difficile, une toux sèche et des yeux larmoyants.

Vous laisserez votre compagnon se reposer dans un lieu protégé des changements de température et des courants d'air, tout en lui donnant des sirops balsamique et antibiotique (après avoir pris conseil de votre vétérinaire). Diminuez ses rations de nourriture. Au cours de sa convalescence, donnez-lui des aliments vitaminés et des fortifiants pour qu'il se rétablisse rapidement.

La dysenterie

Si vous remarquez qu'une diarrhée s'aggrave par des décharges liquides abondantes et des vomissements, votre chien est sûrement atteint de dysenterie. Commencez par le faire jeûner pendant 24 heures. Adressez-vous au vétérinaire afin qu'il prescrive un régime destiné à vaincre cette maladie.

L'obésité

L'obésité est un excédent de poids par rapport à la normale. Sauf pour les animaux qui hibernent ou les

mammifères aquatiques, l'accumulation de graisse est toujours malsaine pour l'organisme.
Deux chercheurs britanniques ont proposé en 1986 une classification de la corpulence chez les chiens:

Maigre: poids insuffisant, pas de graisse visible.
Mince: peu de graisse visible, structure du squelette apparente.
Optimum: présence normale de graisse, on peut palper les côtes mais on ne peut les voir; choisissez votre futur compagnon dans cette catégorie (les chercheurs ajoutent que ce critère n'est pas valable pour l'homme).
Gros: côtes non visibles quand le chien se déplace, difficilement palpables; poids légèrement supérieur à la normale.
Obèse: côtes non palpables; l'animal ne peut se mouvoir normalement et l'on peut saisir à pleines mains la graisse sous-cutanée.

Il est malheureusement assez courant de voir certains maîtres faire grossir volontairement leur Épagneul breton, croyant qu'un chien plus étoffé leur vaudra une récompense dans les concours. Nous devons l'avertir que l'obésité entraîne, à moyen et à long termes, des pathologies articulaires, cardiaques et respiratoires; comme chez l'homme, l'obésité diminue l'espérance de vie. Il faut retenir que l'obésité provient d'un manque d'exercice et d'un excès ou d'un déséquilibre alimentaire. La castration prédispose à l'obésité; les femelles castrées y sont deux fois plus sujettes que les autres. Les facteurs génétiques interviennent, de même que la race: s'il y a peu de Fox-terriers, de Rottweilers et de Boxers obèses, le Basset hound, le Beagle et le Bulldog sont quant à eux prédisposés à l'obésité. En chien actif, votre Épagneul breton ne tombe pas dans la mauvaise catégorie et vous feriez une erreur en essayant de l'engraisser de force.

Si, pour quelque raison que ce soit, votre Épagneul breton a grossi anormalement, adressez-vous au vétérinaire. Avec un régime sain, votre chien redeviendra l'Épagneul breton en pleine forme que vous aimez et sur lequel on se retourne dans la rue.

Les rhumatismes

On connaît mal les raisons des affections rhumatismales qui frappent les articulations et les muscles: elles pourraient être propagées par un virus ou provenir des suites d'allergie ou d'uricémie. Même si l'Épagneul breton n'a pas du tout les articulations fragiles, vous devrez néanmoins le surveiller attentivement.

Étant donné que les chiens adultes sont plus souvent atteints, on suppose que le mal est lié à l'âge ou au manque d'exercice. Les rhumatismes se logent surtout dans les muscles, le dos, les reins et le cou. Le traitement est simple: appliquez des doses de salicylate de sodium sur les régions douloureuses et administrez de petites doses d'aspirine. Gardez votre chien au chaud.

La tuberculose

Cette maladie peut frapper aussi bien l'homme que le chien. S'il mange des restes de table, l'animal peut être contaminé. Vous lui aurez certainement appris au cours du dressage à ne pas accepter d'aliments d'un étranger et à ne pas se nourrir inconsidérément de déchets.

La tuberculose est une maladie longue et souvent chronique. L'Épagneul breton maigrira au fur et à mesure que la maladie progressera; il perdra complètement l'appétit. Vous remarquerez que sa volonté s'anéantit graduellement, et parfois totalement. Sa température sera un peu plus élevée que la normale. En général, vous ne vous adresserez au vétérinaire que lorsque les symptômes deviendront plus graves: une respiration saccadée et plus rapide, des muqueuses très pâles, un amaigrissement et de la fatigue.

Il existe deux formes de tuberculose. La *tuberculose pulmonaire* se caractérise par la toux, un écoulement nasal de pus et une pleurésie accompagnée de forte transpiration. La *tuberculose abdominale* se caractérise par un grossissement de la région du ventre, par de la diarrhée, un épanchement aqueux dans les parois intérieures de l'abdomen et un manque d'appétit.

Au début de la maladie, la température est d'environ 38,5 °C; elle peut atteindre ensuite plus de 40 °C. La tuberculose est difficile à détecter et peut aisément être confondue avec d'autres maladies du système gastro-intestinal ou respiratoire. Une maigreur inhabituelle, l'apparition de cavités sur le crâne et l'atrophie musculaire signaleront avec sûreté que votre chien en est atteint. Afin d'en être certain, demandez à votre vétérnaire d'effectuer une recherche microscopique du bacille de Koch, présent dans les sécrétions nasales et dans le liquide péritonal. La guérison n'est jamais assurée: le traitement est long et difficile. Peut-être devrez-vous abréger les souffrances de votre compagnon.

La constipation

Une alimentation déséquilibrée et le manque d'exercice peuvent constiper votre chien. Faites-lui prendre de l'huile de vaseline ou d'olive, mais ne lui administrez pas de purge ou de laxatifs: cela pourrait aggraver le mal en irritant la muqueuse intestinale.

Le tétanos

Cette maladie est causée par le bacille de Nicolaier qui se développe dans une plaie. Le tétanos est plutôt rare chez les chiens, mais vous devrez vous méfier des plaies souillées de fumier, de terre ou d'autres éléments. Dans ce cas, faites faire une injection de sérum antitétanique. Vous pouvez, également, pour être tout à fait rassuré, faire vacciner votre Épagneul breton avec de l'anatoxine antitétanique, découverte par le bactériologiste Ramon.

Le diabète

Il y a deux sortes de diabète: le *diabète mellitus* et le *diabète insipide*. Le *diabète mellitus* provient d'une grande perturbation du métabolisme du chien: le pancréas ralentit sa production d'insuline ou cesse complètement d'en élaborer; au lieu de nourrir les tissus, le sucre est alors éliminé dans les urines. Votre chien aura encore de l'appétit, mais il s'affaiblira au fur et à mesure que la maladie évolue. Il aura de plus en plus faim et soif. La quantité d'urine éliminée augmentera sensiblement. La peau deviendra sensible aux infections et aux lésions, qui se cicatriseront lentement.

Votre vétérinaire prescrira des piqûres quotidiennes d'insuline dosées selon la taille et le poids de l'animal. Évitez de lui donner des aliments farineux ou sucrés, quels qu'ils soient. Si vous ne traitez pas le diabète mellitus, votre chien entrera dans le coma diabétique qui précède la mort.

Le *diabète insipide* provient de lésions des centres nerveux ou des suites d'une autre maladie qui aura affaibli l'animal. Son urine sera abondante et claire. Il maigrira progressivement et n'arrivera jamais à étancher sa soif. Il s'affaiblira et connaîtra de longues périodes de somnolence. Votre vétérinaire lui prescrira des toniques et de petites doses de stéroïdes. Armez-vous de beaucoup de patience, le traitement sera très long.

La nervosité excessive

Si votre chien ne dort plus, aboie continuellement et devient agressif tout en ayant l'air d'être en bonne santé, vous devrez le faire soigner pour des troubles d'ordre psychologique. Ces troubles peuvent survenir lors d'un voyage, d'un déménagement ou lors de l'achat de votre Épagneul breton et seront atténués grâce à un sédatif. S'ils dégénèrent en convulsions ou en crises nerveuses graves, adressez-vous sans tarder au vétérinaire.

Les maladies de la femelle
La grossesse nerveuse

L'Épagneul breton femelle pourra se comporter, pareillement à toute chienne d'une autre race, comme si elle était enceinte, sans avoir eu de rapports avec un mâle. Elle oubliera de se nourrir, elle gémira et se mettra à préparer une couche pour les prétendus futurs nouveau-nés. Ses mamelles pourront même gonfler. Bien que la grossesse nerveuse se produise rarement, dans un cas semblable, adressez-vous au vétérinaire. Il décidera, avec vous, s'il y a lieu de pratiquer l'ablation des ovaires et de l'utérus.

Les kystes ovariens

Les kystes ovariens sont plutôt rares chez la chienne parce que les follicules restent liquides. Si votre chienne est atteinte, elle sera en chaleur de façon permanente et ne pourra probablement pas procréer. Le vétérinaire devra pratiquer l'ablation des ovaires et de l'utérus pour la guérir.

L'éclampsie

Quand la chienne est prête à mettre bas, et encore plus souvent après la naissance des chiots, elle peut avoir une crise semblable à l'épilepsie. Elle se balance d'abord, puis tombe sur le côté; ses pattes deviennent raides, elle les lance dans le vide et commence à baver.

Tous ces symptômes peuvent disparaître comme ils sont venus, mais comme il n'est pas possible de prévoir une rechute, il vous faudra appeler votre vétérinaire qui prescrira un calmant ou des sels de calcium sous forme d'injection. Il décidera également s'il est bon que la chienne continue l'allaitement; le surplus de calcium pourrait en effet leur être néfaste.

La mammite

La mammite, ou mastite, est l'inflammation d'une ou de plusieurs mamelles. Cette inflammation est causée par un coup, une infection bactériologique ou une congestion; elle provoque la lésion du mamelon. Ce sont souvent les chiots qui en sont responsables, surtout si la mère n'a pas suffisamment de lait. La chienne fuit alors ses petits pour éviter la douleur causée par la succion de ses mamelles. Le vétérinaire soignera votre Épagneul breton avec des médicaments à base d'antibiotiques.

La vaginite

Au cours d'une saillie, le pénis du mâle peut causer des lésion au vagin. La vaginite peut également survenir après la mise bas. Vous remarquerez que votre chienne devient nerveuse et qu'elle perd du sang par la vulve. Le vétérinaire lui fera suivre un traitement antibiotique adéquat.

La métrite

La métrite est une inflammation de l'utérus causée par la rétention des enveloppes fœtales ou simplement par la mise bas elle-même. Vous remarquerez une sécrétion liquide malodorante et sanguinolente. La chienne n'aura plus d'appétit, s'affaiblira physiquement et perdra du lait; sa température montera parfois jusqu'à plus de 40 °C. Consultez aussitôt votre vétérinaire, qui prescrira les médicaments appropriés ainsi que des antibiotiques qui feront baisser la fièvre.

Lorsque la chienne met bas, la propreté de sa couche et de ses parties génitales sont les meilleures mesures de prévention contre la métrite.

La vulvite

Les causes de la vulvite sont les mêmes que celles de la vaginite. La partie externe du vagin, la vulve, s'enflamme. L'application d'une pommade à base d'antibiotiques devrait suffire.

Les maladies du mâle

L'altération du pénis

Deux cas peuvent se présenter: l'inflammation de l'extrémité du pénis provoquée par un traumatisme; la fracture de l'os pénien au cours d'un accouplement ou par suite d'un choc. Le vétérinaire devra être immédiatement consulté et administrera des antibiotiques dans le cas de l'inflammation ou opérera votre chien s'il y a fracture.

L'orchite

L'orchite est l'inflammation d'un ou des deux testicules de votre Épagneul breton. Elle est presque toujours causée par un choc aux parties génitales, mais peut quelquefois être provoquée par des microbes.

Pour soulager votre chien, appliquez des compresses chaudes et humides, imprégnées de sulfate de soude. Contactez votre vétérinaire s'il y a infection: il prescrira les antibiotiques appropriés.

Les mesures préventives

La santé préventive est basée sur l'utilisation des connaissances scientifiques et des outils médicaux actuels afin d'éviter la maladie. Cette approche peut améliorer la qualité de vie et la longévité de votre chien. Il est tellement plus facile de prévenir que de guérir: en plus d'être bien moins coûteux, cela évite des souffrances inutiles à votre Épagneul breton.

La vaccination

Cette importante ressource de la santé préventive permet au chien d'échapper à plusieurs maladies infectieuses graves et parfois mortelles: la maladie de Carré (distemper), l'hépatite infectieuse, la parvovirose, la leptospirose, la toux de chenil et la rage. Votre Épagneul breton devrait sans faute être vacciné contre le distemper, l'hépatite infectieuse et la parvovirose. Ces vaccins sont d'ailleurs habituellement combinés pour en faciliter l'administration. Votre vétérinaire vous conseillera quant à l'importance de faire vacciner votre Épagneul breton contre la toux de chenil ou la rage, selon leur incidence dans votre région ou encore selon l'environnement où vit votre Épagneul breton.

Le vaccin «apprend» à l'oganisme à se défendre contre un microbe. On administre ce micro-organisme atténué en petites doses, de façon qu'il stimule l'immunité naturelle du chien sans toutefois le rendre malade. Si les vaccins apprennent à l'organisme à se défendre, il faut savoir que ce dernier a la mémoire relativement courte, d'où la nécessité des vaccins de rappel qui vont maintenir l'efficacité du système de défense de votre Épagneul breton.

Les parasites

Comme nous l'avons vu auparavant, votre Épagneul breton peut devenir l'hôte d'une multitude de parasites internes et externes tels les ascaris, les vers plats, les puces, les tiques, les mites d'oreille, etc. Des produits antiparasitaires, des vermifuges appropriés et un environnement propre amélioreront la qualité de vie de votre Épagneul breton et vous permettront de lutter contre ces propagateurs de maladies.

En ce qui concerne les vers intestinaux, vous devez amener un échantillon de selles à votre vétérinaire qui en fera un examen microscopique. Cela lui permettra d'identifier les parasites en cause et de prescrire un vermifuge spécifique.

Parmi les parasites externes, les puces représentent de loin le problème le plus fréquent et certainement le plus pénible à régler. On dit que pour chaque puce que vous apercevez sur votre Épagneul breton, il y en a cent dans l'environnement. Il est donc aussi important de les extirper de l'environnement que de l'animal. Votre vétérinaire saura vous conseiller la façon de procéder et les produits nécessaires.

Un régime équilibré

Votre Épagneul breton devrait recevoir un régime équilibré et en quantité adéquate pour lutter efficacement contre les infections et éviter l'embonpoint. Les besoins nutritifs du chien varient beaucoup selon son activité et son âge. En effet, un chien en croissance ou une chienne allaitant ses petits requièrent beaucoup plus d'énergie, de protéines et de minéraux qu'un vieux cabot paresseux.

La stérilisation

On peut considérer la stérilisation comme le moyen de prévenir toutes sortes de problèmes.

L'*ovario-hystérectomie* chez la chienne consiste en l'ablation des ovaires et de l'utérus. Cette chirurgie offre de nombreux avantages car elle met fin aux périodes de rut et à leurs conséquences désagréables telles que les fugues et les gestations non voulues; de plus, cette intervention élimine les risques d'infection ou de cancer de l'utérus et des ovaires et diminue l'incidence du cancer des glandes mammaires lorsque la chienne la subit en bas âge. Son seul désavantage potentiel est d'augmenter la tendance à l'obésité, car votre chienne peut développer des habitudes sédentaires. Si la quantité de nourriture que vous lui donnez est adéquate, vous préviendrez facilement ce problème. (Relisez le paragraphe sur l'obésité.)

La *castration* chez le chien consiste en l'ablation des testicules. Les avantages sont nombreux: diminution du vagabondage et de l'agressivité à l'égard des autres chiens mâles, réduction des problèmes de prostate liés à l'âge et de l'incidence de certains types de cancers reliés à la sécrétion d'hormones mâles.

Les chiens et les chiennes stérilisés ne sont pas des animaux dénaturés pour autant. Libérés du «fardeau» de l'instinct sexuel, votre animal sera plus détendu et plus friand de caresses.

La bonne conduite

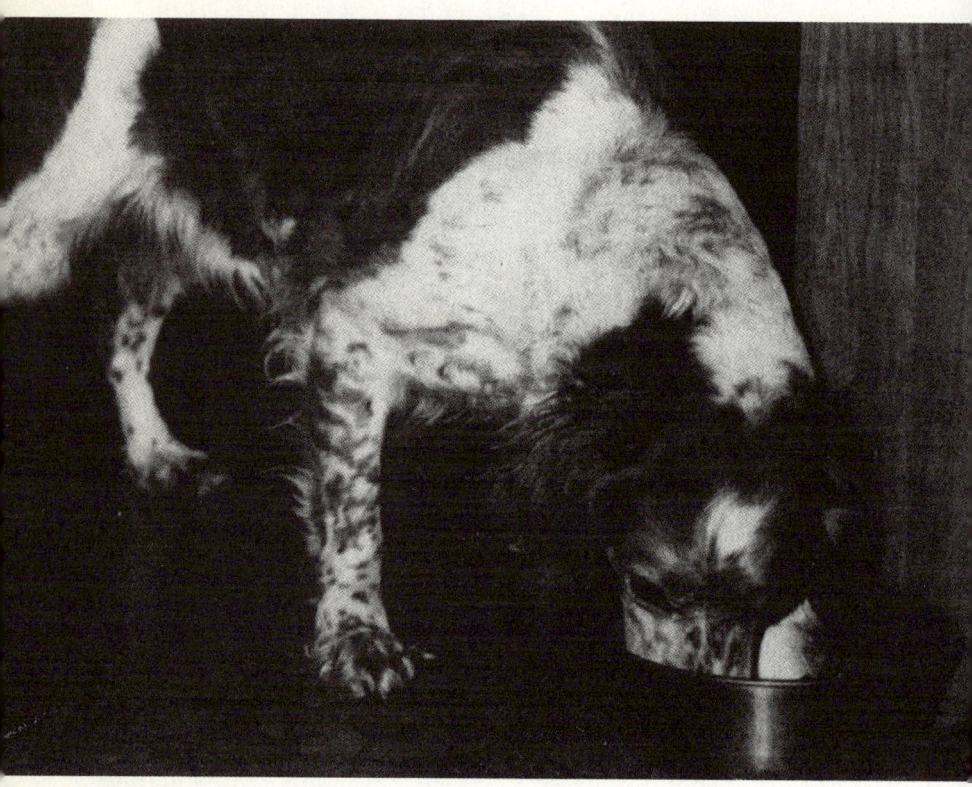
On conseille de laver tous les jours la gamelle du chien.

Ses activités

Les activités de votre Épagneul breton dépendront surtout de vous selon que vous souhaitiez en faire un chien d'arrêt ou un chien de compagnie.

Pour en faire un chien de chasse accompli, le dressage devra être plus rigoureux. N'hésitez pas à demander conseil au besoin. Il serait même bon que vous soyez assité par un dresseur professionnel pour qu'il lui fasse subir un dressage sans failles; seul, vous pourriez faire des erreurs qu'il serait difficile de corriger par la suite.

L'activité d'un Épagneul breton, en tant que chien d'arrêt, est évidemment liée à la chasse: notre chien est un animal courageux et il ne se reposera que lorsqu'il aura accompli le désir de son maître. S'il le faut, il passera une journée entière à chasser dans le froid ou sous la pluie tout en gardant son ardeur au travail et en restant joyeux.

Il n'hésitera pas à se lancer dans l'eau glacée pour aller chercher un canard que vous aurez abattu.

Si l'on dit qu'il doit à ses ancêtres britanniques son «nez» si efficace à grande distance, les chasseurs l'apprécient surtout parce qu'il est un chien «tout-terrain» puisqu'il est aussi doué en plaine que dans les bois: il excelle à la chasse à la bécasse parce qu'il ne craint pas les taillis broussailleux dans lesquels elle se cache. Si la bécasse savait qu'elle a un Épagneul breton à ses trousses, elle ne prendrait même pas la peine de se cacher puisque l'Épagneul breton est toujours vainqueur.

Votre chien est un rapporteur d'instinct; rusé comme pas un, vous ne serez jamais déçu avec lui. Grâce à sa petite taille, il peut se faufiler partout. En outre, malgré sa passion pour tout ce qui est gibier, il est fort capable d'abandonner l'arrêt sur un simple ordre de votre part.

L'Épagneul breton peut aussi être un chien de compagnie rêvé: il est plein de douceur et de tendresse et se satisfait d'un rien pourvu qu'il se sente aimé...

Grâce à sa petite taille, il trouve sa place n'importe où, que ce soit à la campagne ou en appartement. Il est d'une patience extraordinaire, même avec les enfants turbulents.

Ce petit chien peut même devenir un gardien vigilant des biens de votre famille. Son dressage n'est pas difficile et s'il est fort caressant avec les habitués qui viennent vous rendre visite, il se révèle méfiant avec les personnes étrangères qui s'approchent de trop près des biens de la famille, qu'il considère comme «ses» biens.

L'Épagneul breton étant un «chien de travail», il ne faudra pas oublier de le promener souvent et de lui faire prendre de l'exercice: les grandes balades ne lui font pas peur et lui apportent équilibre et santé. Si vous n'agissez pas ainsi, sa santé s'altérera et votre Épagneul breton pourra devenir irascible et même obèse. Ses réactions pourraient alors être dangereuses; votre chien serait capable de mordre méchamment et il perdrait sa joie de vivre.

Sortez avec lui au moins une fois par jour pour votre profit à tous les deux!

Son dressage

Le début du dressage

Pour être équilibré, votre Épagneul breton a besoin d'être dressé d'une main ferme, sans complaisance ni rudesse. Vous remarquerez, une fois le dressage terminé, combien votre compagnon est fier de pouvoir accomplir ce que vous lui ordonnez. Il apprend très vite tout ce que l'on veut bien lui enseigner. Il est curieux de tout et toujours sur le qui-vive. Son instinct de gardien se développant, il deviendra un champion de la garde. L'amour qu'il vous porte (nous disons bien l'amour puisque le sentiment de l'Épagneul breton pour son maître dépasse de loin l'affection) et sa grande intelligence vous faciliteront son dressage. Vous aurez cependant un long chemin à parcourir avant d'arriver au résultat final du dressage. Il vous faudra conserver votre sang-froid, sinon vous perdriez votre Épagneul breton qui, ne l'oubliez jamais, est hypersensible et ne supportera pas les remontrances injustifiées, les coups donnés sous l'emprise de la colère ou tout simplement une voix trop forte.

Si vous ne vous sentez pas la force de dresser vous-même votre chien, nous vous conseillons de vous faire aider par un dresseur professionnel, que vous aurez choisi avec discernement après avoir demandé conseil à votre entourage et surtout à un conseiller canin. Ces suggestions devront être prises très au sérieux.

La première partie du dressage de l'Épagneul breton vise à faire comprendre à l'animal les contraintes de la vie de tous les jours: ne pas aboyer quand on le lui défend, ne pas faire ses besoins là où c'est interdit, savoir rester tenu en laisse, ne pas voler, répondre à son nom, marcher près de vous quand vous le lui demandez, etc.

Certains dresseurs professionnels offrent un cours spécial destiné aux chiots âgés de deux mois et demi ou plus afin de leur inculquer ces notions et de les préparer au vrai grand dressage. Votre conseiller canin vous indiquera ces écoles.

La deuxième partie du dressage amènera l'Épagneul breton à être physiquement et moralement prêt à obéir, à avoir un sens encore plus aigu de la propriété ou de la protection selon le but visé. Cette phase du dressage débute lorsque votre chien a environ huit mois.

L'Épagneul breton, comme tout autre chien, a besoin d'un maître, ne l'oubliez surtout pas. Il obéira à des personnes qui savent se faire respecter et lui donner des ordres clairs.

Si, au cours de l'apprentissage, votre chien devient hargneux ou tout simplement de mauvaise humeur, sachez que vous en êtes le seul responsable. Votre compagnon a besoin d'être dominé; prenez l'air sévère et donnez les ordres adéquats, mais restez toujours juste. L'Épagneul breton a bonne mémoire et pourrait vous garder rancune d'une injustice. Un éducateur habile peut lui faire comprendre beaucoup de mots différents. On peut même arriver, grâce à son intelligence, à ce qu'il réponde à certaines mimiques.

Ne compromettez pas l'avenir de votre chien et vos relations avec lui par un mauvais dressage: l'effort en vaut la peine.

Préparation à la chasse

Si vous avez décidé de faire de votre Épagneul breton votre compagnon de chasse, sachez que cette éducation devra se faire vers l'âge de trois mois et pas avant. Seul un chien bien dressé est de bonne compagnie à la chasse. Il devra obéir, marcher en laisse sans tirer sans cesse et connaître son nom. Choisissez un nom court et simple et, si vous avez deux chiens, donnez-leur des noms qui ne se ressemblent pas du tout. Profitez de son aptitude innée pour le jeu pour commencer à lui apprendre à chasser.

Dès que votre Épagneul breton revient au son de votre voix, apprenez-lui à revenir au son du sifflet: rappelez-le en criant son nom et sifflez immédiatement deux petits coups pour lui faire comprendre qu'il doit revenir. S'il le faut, accroupissez-vous et tapez sur votre cuisse: votre chien reviendra.

Votre chien est encore bien jeune et il ne faudrait pas qu'il pense que ce dressage n'est qu'une simple promenade. Procurez-vous du gibier d'élevage facile à trouver: un perdreau fera très bien l'affaire.

Prenez l'oiseau et montrez-le au chien pour qu'il le renifle bien, puis allez le cacher au fond de votre jardin. La première fois que vous lui ferez faire cet exercice, votre compagnon travaillera plus avec ses yeux qu'avec son nez. Mais il s'agit, pour l'instant, de lui donner seulement le goût de la chasse et l'envie de rechercher le gibier. Vous compliquerez ensuite l'exercice en cachant le gibier hors de la vue du chien sur un terrain inconnu. Attendez ensuite un moment, puis conduisez votre jeune compagnon sur le terrain en lui mettant le nez au vent, de manière à lui faciliter la tâche. Vous devrez probablement répéter souvent cet exercice, qui n'est pas facile pour un jeune chiot. Quoi qu'il en soit, félicitez-le chaleureusement chaque fois qu'il trouve le gibier, caressez-le et offrez-lui une sucrerie de temps en temps.

Apprenez-lui à travailler intelligemment. Sachez qu'un travail désordonné risque de vous faire oublier des pièces de gibier derrière vous. Vous éduquerez votre chien à travailler en zigzag, à faire des lacets bien réguliers et à repasser devant vous. Pour le lui apprendre, trouvez un terrain ayant des haies de chaque côté et placez le chien nez au vent. Faites-vous aussi des lacets, à droite et à gauche: d'instinct, votre chien passera devant vous et, aussitôt qu'il sera à la haie, donnez un tout petit coup de sifflet pour qu'il vous observe et repartez dans l'autre sens. Après quelques semaines de cet exercice, votre chien tournera seul sans que vous ayez à utiliser le sifflet, et il passera à bonne distance devant vous.

Ne dressez pas votre chien à la chasse en le soumettant à une discipline trop rigide: la chasse doit être un plaisir et un loisir. Laissez votre compagnon s'exprimer et prendre des initiatives.

Complétez l'éducation de votre Épagneul breton destinée à la chasse en demandant conseil à un dresseur reconnu; il serait même bon, si vous n'avez pas le courage de dresser vous-même votre chien de façon rigoureuse, de vous adresser à un professionnel qui, en plus de veiller à l'éducation de votre chien, saura vous expliquer toutes les étapes d'un bon dressage.

Le dressage du chiot

Commencez par habituer votre chiot à satisfaire ses besoins à l'extérieur. Assignez-lui une place fixe à cet effet, un endroit qui restera le sien.

Ne grondez votre chien qu'au moment précis où il commet une bêtise, parce que ce moment passé, il ne pourrait en aucune façon comprendre pourquoi vous le punissez. Sachez que votre Épagneul breton, comme d'ailleurs tous les autres chiens, ne peut lier la cause à l'effet que si ces deux actes sont simultanés.

Complimentez, récompensez votre jeune chien lorsqu'il fait ce que vous lui demandez. Cette méthode est excellente: votre chiot répétera les mêmes gestes pour recevoir une récompense et cette répétition en fera des gestes habituels.

Ne frottez jamais le museau de votre chiot sur le produit de sa bêtise; ce geste est totalement inutile et pourrait même être néfaste. Si votre chiot fait une bêtise, grondez-le immédiatement. S'il fait ses besoins là où c'est interdit, sortez-le pour lui montrer l'endroit qui lui est réservé. Votre Épagneul breton est rarement désobéissant, et il est propre par instinct. S'il renifle le sol ou cherche à s'isoler, emmenez-le tout de suite à l'endroit réservé à ses besoins.

Éduquer votre chien est une bonne chose, mais ce n'est pas suffisant: vous aurez également à éduquer votre famille; le chiot copie tout et il ne faudra donc pas lui donner de mauvais exemples.

Dresser un chien de façon approximative n'a jamais rien donné de bon. Si vous décidez de faire dresser votre Épagneul breton par des spécialistes, vous devez savoir qu'un bon dressage pourrait vous coûter deux ou même trois fois le prix payé pour le chien. Mais il s'agit d'un investissement rentable si vous tenez compte des services que vous rendra votre compagnon. Votre Épagneul breton, en devenant un chien dressé à la perfection, justifiera aisément vos dépenses; de plus, vous aurez la satisfaction d'être le maître d'un chien convenablement dressé.

Nous vous donnons le détail d'un dressage que vous pouvez effectuer vous-même. Il vous donnera des résultats satisfaisants si vous le faites avec un sérieux sens de l'éducation.

Les principes

Vous aurez à cœur d'appliquer minutieusement les différents principes qui suivent si vous voulez que l'éducation de votre Épagneul breton progresse avec efficacité. Votre Épagneul breton est d'une taille moyenne, aussi pourra-t-il, si vous vous mettez face à lui, observer facilement votre visage, vos mimiques et l'expression de vos yeux, laquelle se voudra pleine de détermination et de... douceur!

1. Les ordres doivent être donnés de manière que le chien puisse associer le ton de votre voix à leur exécution. Le chien ne pouvant saisir la signification des mots prononcés, il obéira donc à l'intonation. Il est absolument nécessaire de faire comprendre à votre chien le lien entre l'ordre donné et l'exécution de l'exercice. Vous y arriverez à force de patience et surtout de répétitions; ne changez surtout pas le ton de votre voix; ayez toujours le même ton pour le même ordre. Pour un exercice comportant un seul mouvement, l'ordre doit être donné sur un ton sec et avec des mots courts; l'ordre pour une série de mouvements sera formulé sur un ton plus amical et avec des mots plus longs.
N'oubliez pas que votre Épagneul breton est un animal extrêmement sensible et que si vous lui donnez un ordre lorsque vous êtes énervé, vous provoquerez chez lui la confusion et le doute.
2. Commencez le dressage par les exercices les plus faciles, en allant progressivement vers les plus diffi-

ciles. Ne commencez pas une nouvelle phase du dressage avant que la phase précédente ne soit totalement assimilée.
3. Chaque leçon de dressage se terminera quand le chien aura correctement accompli l'exercice; vous ne devez jamais interrompre au milieu d'un exercice. Si vous voyez que votre chien est fatigué, soyez suffisamment habile pour arrêter la leçon dès qu'il aura accompli l'exercice de façon satisfaisante. N'oubliez pas de le féliciter. Quand l'exercice est composé de plusieurs mouvements et que votre chien n'a pas bien compris ou n'exécute pas correctement une partie de cet exercice, faites-le-lui répéter au complet et non pas seulement cette partie: vous devez obtenir un enchaînement parfait de tous les mouvements qui le composent.
4. Lorsque vous donnez un ordre, soyez gai, énergique et dynamique. Donnez l'exemple à votre chien. Évitez les mauvaises manières et les gestes d'impatience.
5. Vous devez répéter les exercices dans des endroits différents afin que l'environnement n'influence pas votre Épagneul breton. Quand les premiers exercices d'obéissance auront été assimilés, passez à des exercices plus difficiles.
6. Il est bon, avant de commencer une leçon, de laisser votre Épagneul breton satisfaire ses besoins physiologiques; laissez-lui quelques minutes de liberté à cet effet.
7. Établissez un horaire pour le dressage du chien. Le meilleur moment est avant ses repas. Il considérera ainsi la nourriture qu'il reçoit comme une récompense pour avoir bien accompli ses exercices. N'amenez jamais votre Épagneul breton sur le terrain d'exercices juste après les repas: le chien réagirait avec

paresse et sans enthousiasme aux ordres que vous lui donneriez.
8. Si vous vous sentez nerveux, il vaut mieux renoncer à la leçon et la reporter à plus tard; dans cet état, vous n'obtiendriez rien du chien et vous risqueriez même de compromettre ce que vous avez réussi jusque-là.
9. Comme tout un chacun, votre Épagneul breton peut ne pas avoir envie de travailler ou être indisposé pour une raison quelconque. Observez toujours votre compagnon attentivement avant chaque leçon pour déceler s'il est ou non «d'humeur» à faire ses exercices. Traitez-le avec affection et humanité, préoccupez-vous de sa santé et décidez s'il est préférable de commencer la leçon ou de la remettre à plus tard.
10. Examinez tous les jours les pattes, les ongles et les espaces interdigitaux de votre Épagneul breton; soignez-le si vous remarquez des piqûres, des lésions ou toute autre blessure mineure.
11. N'utilisez pas le collier clouté pour punir votre chien; ce collier ne devra être employé qu'avec un chien particulièrement rebelle ou au caractère extrêmement difficile; rassurez-vous, ce genre de caractère ne se rencontre pratiquement pas chez les Épagneuls bretons. Si, malgré tout, tel est le cas, tirez faiblement sur la laisse tout en lui expliquant pourquoi vous le punissez. Le collier clouté ne doit être que rarement employé et uniquement si vous n'avez pas d'autre moyen pour lui faire comprendre que la désobéissance ne paie pas et doit être punie; mais agissez toujours avec circonspection.
12. Ne vous laissez pas prendre au dépourvu par votre chien. Essayez de deviner pourquoi il ne veut pas faire un exercice: il est préférable que vous ne le lui fassiez pas faire plutôt que de le laisser en prendre la décision.

13. Si votre chien refuse d'exécuter un exercice alors qu'il en est capable, grondez-le sévèrement *immédiatement* et ordonnez-lui de l'exécuter. Par contre, si votre chien s'est trompé parce qu'il n'a pas compris, faites-lui répéter l'exercice sans le gronder.
14. Ne prononcez pas de longues phrases en donnant des ordres à votre chien; il ne les comprendrait pas. Peu de mots sur un ton impératif sont préférables.
15. Quand votre élève a bien travaillé, récompensez-le par quelques tapes affectueuses sur le cou avec le plat de la main; faites-lui faire une petite halte dans son entraînement; offrez-lui une friandise, mais pas trop souvent, cela n'étant guère conseillé pour sa bonne forme et sa santé.
16. Comme nous l'avons expliqué pour le chiot, vous ne devez jamais interrompre une leçon avant que votre chien n'ait terminé l'exercice que vous lui avez donné à faire. Si vous le faites, même une seule fois, vous créerez une habitude d'indiscipline et de désobéissance qu'il vous sera difficile, par la suite, de lui faire perdre.
17. Si vous avez décidé de dresser vous-même votre chien, vous ne devez jamais, au grand jamais, vous faire remplacer pendant le dressage. La personne qui prendrait votre place pourrait faire une erreur qu'il vous serait, par la suite, pratiquement impossible de corriger, l'Épagneul breton apprenant une fois pour toutes.
18. Ne faites pas un clown de votre chien en montrant à vos amis ce qu'il sait faire par des exhibitions d'habileté. Ce serait une grave erreur de transformer en jeu ce qui doit être, pour votre chien, un travail.
19. Lorsque vous aurez terminé la leçon de dressage, ne donnez pas tout de suite à boire au chien; attendez qu'il se soit calmé.

20. Après la leçon et avant de le libérer, brossez-lui et frottez-lui énergiquement le dos, l'arrière-train et la poitrine avec une serviette destinée à cet usage. Laissez-le se détendre et satisfaire ses besoins physiologiques.

Le dressage

La première chose à faire lorsque vous décidez de dresser votre chien est d'établir une liste des exercices qui conviennent le mieux à son activité future, c'est-à-dire à la «profession» à laquelle vous le destinez. Vous observerez bien vite que votre Épagneul breton est un animal que vous pouvez dresser facilement. Il est très intelligent, apprendra vite ses leçons et les mémorisera aisément.

Quoi qu'il en soit, vous avez acheté un chien pour en faire un ami et un gardien capable de vous rendre certains services. Il sera votre compagnon mais pas votre chien de cirque: entraînez-le donc sérieusement et non pas pour en faire l'amusement de vos amis.

Sachez que vous n'apprendrez absolument rien de nouveau à votre chien: il accomplit déjà tous les exercices mais à son propre avantage; il se couche et s'assied, il saute, attaque, se défend et rapporte des objets.

En fait, dresser un chien, c'est l'amener à utiliser son savoir-faire, ses aptitudes et ses capacités quand il en reçoit l'*ordre* et non selon son humeur. En d'autres mots, nous exploitons les possibilités du chien à notre profit, pour qu'il nous vienne en aide en cas de besoin, par exemple.

Ne commencez pas le dressage proprement dit avant que votre chien n'ait atteint l'âge de huit mois; neuf mois est l'âge idéal. Il faudra attendre son premier anniversaire avant de lui faire exécuter des exercices d'attaque et de saut. Le faire avant cet âge comporte des risques de fractures ou de luxations, son ossature n'étant pas encore suffisamment solide. Consultez votre vétérinaire qui saura vous dire si vous pouvez commencer ou non le dressage en considérant l'état du développement de l'animal.

Comme pour tout autre travail, vous aurez besoin, pour le dressage de votre Épagneul breton, d'une série d'instruments qui vous seront utiles pour la plupart des exercices:
- un collier de cuir;
- un collier en chaînette métallique à nœud coulant;
- un collier clouté;
- un harnais et une laisse à mousqueton d'environ 6 m;
- une laisse de dressage en cuir de 1,50 m pourvue d'un mousqueton;
- une muselière en cuir à trame serrée;
- un fouet en cuir dur de 1 m de longueur (genre cravache);
- un bâtonnet de 25 à 30 cm de long;
- une corde en plastique de 10 m avec des crochets permettant d'en réduire la longueur selon les besoins;
- un vêtement pour l'attaque en toile assez épaisse, rembourré et doublé de cuir;
- un revolver tirant à blanc et à forte détonation, mais ressemblant à une arme véritable;
- une brosse;
- un petit grattoir métallique;
- une serviette épaisse et raide;
- un cercle de 80 cm de diamètre avec un socle réglable jusqu'à environ 1,50 m;
- un obstacle en bois, pour faire sauter le chien, d'une hauteur réglable de 10 cm à 1,50 m.

Voyons maintenant quel usage vous ferez de ce matériel:

Le *collier métallique à nœud coulant* peut être fixe ou mobile. Il est utilisé dans les exercices où l'Épagneul breton est tenu en laisse, pour le rappeler ou pour lui faire comprendre qu'il a mal exécuté un exercice.

Le *collier clouté* devra être employé avec beauoup de mesure et de prudence. Il s'agit d'une punition très douloureuse, car le cou est une partie délicate du corps de l'animal. Ce collier ne devrait être utilisé que pour mater un chien agressif, très rebelle ou paresseux qui mérite une bonne punition.

Le *harnais* et la *laisse à mousqueton* sont utilisés lors des exercices en plein air lorsqu'il s'agit de retrouver une personne. Ils vous permettront de suivre à distance le chien lancé sur les traces de la personne recherchée.

La *laisse de dressage en cuir* est l'instrument de correction lors des exercices. Elle peut aussi servir de signal pour les exercices à distance.

Le *fouet en cuir* du genre cravache sert à provoquer le chien pendant les premiers exercices d'attaque. Employez-le plus pour le menacer que pour le frapper. S'il se sent menacé, votre chien réagira vivement; vous le mettrez encore plus en colère en lui donnant quelques coups, mais très légers.

La *muselière en cuir à trame serrée* est utilisée avant que votre chien ne soit entraîné à obéir à l'ordre de «lâcher prise». Vous l'employerez donc dans les premiers exercices d'attaque et de garde d'objets.

Le *bâtonnet* est utilisé pour apprendre au chien à rapporter des objets et à les sortir de l'eau. Vous l'utiliserez également pour lui enseigner le sauvetage de personnes tombées à l'eau.

La *corde en plastique* ou *en chanvre* est parfois utilisée dans les exercices de recherche de personnes et plus particulièrement lors d'exercices où l'Épagneul breton doit parcourir de longues distances.

La *chaîne métallique* est utilisée lors des tout premiers exercices d'attaque. Vous pourrez également vous en servir pour attacher votre chien à un poteau ou à un arbre ou pour éviter qu'il n'agresse un prétendu malfaiteur.

Le *vêtement pour l'attaque* doit être endossé par la personne qui joue le rôle de l'agresseur durant des exercices d'attaque libre sans muselière ni laisse. Ce vêtement servira à protéger «l'agresseur» contre les attaques du chien entraîné à devenir un gardien.

Le *revolver à blanc* habitue le chien au bruit des détonations et stimule son instinct de gardien. Il habitue l'animal, au premier signe de la présence de malfaiteurs, à se diriger vers l'endroit d'où la détonation est partie.

La *brosse*, le *grattoir* et la *serviette* servent à la toilette du chien. Brossez-le à la fin de chaque leçon. Utilisez avec précaution le grattoir: servez-vous-en pour nettoyer sa robe. Frictionnez le poil et la peau du chien avec la serviette. Ces opérations favorisent la circulation du sang, la relaxation des muscles et la détente.

Le *cercle à socle réglable* est utilisé pour donner au chien l'habitude de sauter lorsqu'il est placé dans différentes situations. Commencez par lui faire exécuter le saut dans un cercle simple pour en arriver, progressivement, à le faire sauter dans un cercle enflammé.

L'*obstacle démontable et réglable* permet aussi au chien d'apprendre à sauter des obstacles quand les circonstances le lui imposent ou lorsque vous le lui demandez.

Les différents exercices

Exercice: la marche au pied

Les ordres: «au pied» et «va».
Le matériel: le collier à nœud coulant et la laisse de dressage.

Les punitions: pour une erreur légère: «non», d'une voix douce; pour une erreur sérieuse: «pfft», d'une voix sèche et sévère.

Le but de cet exercice est d'apprendre au chien à vous suivre, peu importe le parcours, tout en restant à vos côtés, toujours à votre gauche, sans vous dépasser ni rester en arrière. À la fin de cet exercice, votre compagnon saura marcher correctement en laisse sans tirer sur le collier.

Mettez-lui le collier à nœud coulant auquel vous aurez fixé la laisse de dressage. Placez le chien à votre gauche, de telle façon que son épaule soit à la hauteur de votre genou et que ses pattes soient au niveau (plus ou moins) de la pointe de vos chaussures. L'espace entre votre genou et le chien devra être d'environ 10 cm. Veillez à ce que la ligne de la colonne vertébrale de votre chien demeure parfaitement perpendiculaire à la verticale de votre jambe. Il faudra que votre chien s'habitue à marcher droit et qu'il ne prenne pas la mauvaise habitude de marcher obliquement.

Au moment de commencer l'exercice de la marche au pied, tenez la laisse dans votre main droite; votre main gauche doit être près du mousqueton, toujours prête à diriger les premiers essais de votre chien. Votre Épagneul breton, qui aurait jusqu'à ce moment toujours été libre de ses mouvements, sera étonné, mais n'y faites pas attention. Ordonnez-lui: «va» pour commencer la marche. Il est très important, lorsque vous donnez l'ordre «au pied», de vous frapper en même temps la cuisse gauche. Faites un signe de la main qui indiquera le moment du départ en donnant l'ordre «va».

Votre chien commettra quelques erreurs lors de ses premières tentatives; aidez-le en lui faisant répéter l'exercice, en corrigeant ses erreurs sans vous mettre en colère. Si votre chien s'éloigne de votre genou, corrigez-le en lui faisant recommencer l'exercice le long d'un mur.

Exercice: assis

L'ordre:	«assis».
Le matériel:	le collier à nœud coulant et la laisse de dressage.
Le lieu de l'exercice:	la piste.

    Cet exercice a pour but de lui apprendre à s'asseoir lorsque vous lui en donnez l'ordre. Ordonnez-lui: «au pied», puis: «assis» en appuyant sur sa croupe pour le forcer à s'asseoir tout en maintenant son menton dans la bonne position. Apprenez-lui ensuite à répondre aux signaux. Mettez-vous au garde-à-vous et ordonnez-lui: «assis» tout en étendant le bras droit de façon qu'il forme un angle droit avec votre corps. Le chien comprendra rapidement que le bras tendu et l'ordre «assis» ont la même signification.

Exercice: aboiement sur ordre

Le matériel:	le collier à nœud coulant et la laisse de dressage.
Les ordres:	«aboie» et «assez».

    Attachez votre chien avec sa laisse à un poteau ou à un arbre. Placez-vous devant lui et, avec l'index pointé dans sa direction, donnez-lui l'ordre «aboie» et menacez-le en agitant l'index. Évidemment, le chien ne réagira pas. Éloignez-vous. Le chien ne pourra pas vous suivre puisqu'il est attaché; il protestera en aboyant. Il faudra alors vous retourner immédiatement en ordonnant à nouveau: «aboie» tout en agitant l'index. Félicitez-le.

Dès que votre chien répondra sans hésiter, habituez-le à aboyer dans une situation insolite ou devant un objet étrange.

Apprenez-lui à se taire; pour cela, serrez-lui le museau avec la main droite et répétez sans cesse: «assez». Dès qu'il aura réussi cet exercice, félicitez-le chaleureusement.

Exercice: appel au pied

L'ordre: «viens».
Le matériel: le collier à nœud coulant et la laisse de 6 m.

Vous avez sûrement déjà habitué votre chien à accourir vers vous dès que vous prononcez son nom. Cet exercice lui apprendra à se placer à côté de votre pied gauche ou devant, selon l'ordre que vous lui donnerez.

Pour cet exercice, tenez le chien en laisse. Lancez une pierre ou tout autre objet loin de vous, mais pas à plus de 6 m, et dites-lui d'aller le chercher. Dès qu'il arrivera près de l'objet, donnez-lui l'ordre «viens» et tirez sur la laisse pour l'obliger à revenir. Caressez-le et félicitez-le.

Exercice: arrête

L'ordre: «arrête».
Le matériel: le collier à nœud coulant, la longe de 6 m et un sifflet à ultrasons.

Cet exercice est important puisqu'il vous permettra d'empêcher votre chien d'attaquer sans raison. Donnez l'ordre «assis». Placez-vous face à votre chien et, après quelques instants d'immobilité, ordonnez: «viens» en levant le bras. Dès qu'il commence à s'approcher, ordonnez: «arrête» en étendant le bras droit la paume de la main tournée vers l'avant.

Exercice: couché

L'ordre: «couché».
Le matériel: le collier à nœud coulant et la laisse de dressage.

Ordonnez à votre chien: «assis» et, dès qu'il sera en position assise, prenez la laisse dans votre main gauche, près du mousqueton qui la fixe au collier, et donnez l'ordre «couché». De la main droite, poussez-le par terre pour le forcer à s'étendre, les pattes antérieures allongées en avant, le ventre contre terre et les pattes postérieures repliées.

Exercice: debout

L'ordre: «debout».
Le matériel: le collier à nœud coulant et la laisse de dressage.

Ordonnez à votre chien: «assis» puis: «couché» et éloignez-vous. Il prendra automatiquement la position «debout» pour vous suivre. Faites de ce désir un ordre. Ordonnez au chien: «assis» et, après quelques instants, en restant immobile, ordonnez-lui: «debout». Votre chien devra se lever en soulevant ses pattes postérieures, sans bouger de l'endroit où il se trouve. Pour arriver à ce résultat, tenez la laisse de la main gauche, près du mousqueton, et préparez-vous à employer votre pied gauche comme levier, en le plaçant sous le ventre du chien, entre les pattes antérieures et postérieures. En donnant l'ordre «debout», tirez la laisse vers le haut et poussez du pied le ventre du chien dans la même direction en l'obligeant à se lever.

Exercice: la marche derrière le maître

L'ordre: « en arrière ».
Le matériel: le collier à nœud coulant, la laisse de dressage et quelques brindilles sèches.

Mettez-lui sa laisse de dressage et donnez-lui l'ordre «au pied», faites-lui exécuter ensuite quelques exercices «assis», «couché» et «debout», puis de nouveau «assis». Demandez à votre compagnon de ne pas bouger et faites quelques pas jusqu'à ce que la laisse, que vous tenez dans votre main droite, soit tendue derrière vous. À ce moment-là, donnez-lui l'ordre «viens».

Votre Épagneul breton voudra prendre la position apprise «au pied», mais, à l'aide de quelques brindilles tenues dans votre main gauche, que vous agiterez derrière votre dos sans toucher son museau, empêchez-le d'avancer en lui donnant l'ordre «en arrière».

Exercice: le saut d'obstacles

L'ordre: «saute».
Le matériel: le collier à nœud coulant, la laisse de 6 m et l'obstacle réglable.

Placez les planchettes à une hauteur de 40 cm. Mettez-lui la laisse de 6 m, faites-lui prendre la position «au pied». Sautez l'obstacle en tirant sur sa laisse et en donnant l'ordre «saute». Votre chien franchira l'obstacle sans problème. Répétez l'exercice. Après lui avoir fait exécuter plusieurs fois l'exercice, ajoutez une planchette pour que l'obstacle soit à environ 50 cm de hauteur. Félicitez-le chaque fois. Lorsqu'il se sera bien familiarisé avec cet ordre et cet exercice, faites-le-lui recommencer sans laisse et haussez l'obstacle de plus en plus selon les capacités de votre chien et, évidemment, selon sa grandeur. Ne haussez pas l'obstacle tant que votre compagnon n'aura pas sauté avec confiance la hauteur précédente.

Exercice: le rapport d'objets

Les ordres: «rapporte» et «laisse».
Le matériel: le collier à nœud coulant, la laisse de dressage et le bâtonnet.

Commencez par laisser votre animal jouer avec le bâtonnet afin qu'il s'y habitue. Lancez-le ensuite au loin. Votre chien vous le rapportera avec joie. Reprenez-le et, sans jouer cette fois, donnez l'ordre «au pied» et faites une petite promenade, tout en gardant le bâtonnet dans votre main droite. Arrêtez-vous et faites le geste de l'offrir au chien; quand il voudra le prendre, donnez l'ordre «rapporte» tout en l'approchant de sa gueule.

Quand il aura appris à tenir l'objet dans sa gueule sans votre aide, vous pourrez lui donner l'ordre «laisse» tout en enlevant le bâtonnet de sa gueule et en le caressant pour le féliciter.

Exercice: la recherche et le rapport d'objets

L'ordre: «cherche et rapporte».
Le matériel: le collier à nœud coulant, la laisse de dressage et le bâtonnet.

Offrez au chien l'objet qu'il devra rapporter, mais ne le lui mettez pas dans la gueule. Tenez-le à distance et augmentez cette distance jusqu'à l'endroit où votre chien devra le ramasser. Dès que votre Épagneul breton saura comment faire pour rapporter l'objet et qu'il comprendra l'ordre, jetez le bâtonnet au loin et donnez l'ordre «cherche et rapporte». Lorsqu'il l'aura ramassé, donnez l'ordre «viens» et, dès qu'il vous aura rejoint, donnez l'ordre «laisse». N'oubliez surtout pas de féliciter l'animal à chaque exercice bien fait.

Exercice: la recherche d'objets ou de personnes

Le flair, un des sens les plus développés du chien, lui permet de repérer facilement une présence étrangère près de son habitation.
Certains éléments lui facilitent la tâche:
- L'atmosphère fortement humide et le ciel couvert: les odeurs sont plus fortes et l'évaporation, plus faible.
- Un sol plus chaud que l'atmosphère: les courants d'air sont faibles sinon inexistants.
- Les endroits où pousse beaucoup d'herbe et les endroits boisés: la végétation agit comme brise-vent.
- La nuit: les premières heures du jour et celles qui suivent le coucher du soleil, pendant l'été: l'évaporation est plus lente.
- L'odeur de la personne perdue ou en fuite: plus l'odeur sera forte, plus votre Épagneul breton aura de la facilité à la retrouver.

Si, par exemple:
—elle transpire,
—elle sent le parfum,
—elle est sale,
—elle est blessée et saigne,

— elle a pris de l'alcool ou des médicaments.
- La rapidité: plus le temps s'écoule, plus il sera difficile pour votre compagnon de retrouver une trace.

Certains éléments rendront par contre la recherche plus difficile:
- Un soleil de plomb et de fortes chaleurs.
- Les pluies torrentielles.
- Les eaux courantes comme le gué d'un ruisseau.
- Les terres sablonneuses et silicieuses, un sol sec: le vent emportera des indices de recherche.
- Les vents forts et les ouragans; plus particulièrement, les vents secs et venant de l'ouest.
- Les terres remuées et les sols qui viennent d'être travaillés.
- La neige et le verglas qui recouvrent les traces.
- L'environnement urbain où toutes sortes d'odeurs se mélangent.
- Les surfaces très propres.

L'ordre: «va, cherche».
Le matériel: une balle de caoutchouc, du fromage, la longe de 6 m, le harnais en cuir pour la recherche et une corde de 30 m.

Initiez votre chien à cet exercice très tôt, vers l'âge de quatre mois. Profitez des jeux pour lui lancer la balle de caoutchouc afin qu'il vous la rapporte. Au fur et à mesure, compliquez le jeu en lançant la balle dans un lieu caché mais connu du chiot. Passez la balle dans du fromage, faites-la-lui flairer, reprenez-la et faites-la rouler sur le sol pour laisser sur son parcours l'odeur du fromage. Commencez par lui donner l'ordre «va, cherche».

Apprenez ensuite à l'Épagneul breton à vous retrouver alors que vous serez caché. S'il ne vous trouve pas, appelez-le jusqu'au moment où il découvrira votre cachette.

L'étape suivante consistera à suivre une piste préalablement tracée. Utilisez le harnais et la laisse de 6 m. Attachez le chien à un lampadaire, à un poteau ou à un arbre pour qu'il ne puisse pas vous suivre et faites-lui flairer un morceau de viande. Faites ensuite un parcours en ligne droite et piétinez soigneusement le tracé devant l'animal. Commencez par piétiner une surface d'environ 0,5 m². À la fin du parcours, déposez un objet que votre chien affectionne et retournez auprès de lui. Détachez-le et faites-lui flairer le terrain que vous avez piétiné en lui donnant l'ordre «va, cherche».

Il se mettra à flairer en suivant la piste jusqu'au moment où il trouvera l'objet. Ne manquez pas de le féliciter. Votre élève aura appris à chercher quelque chose dont vous avez besoin.

La deuxième étape de cet exercice consiste à lui apprendre que vous ne cherchez pas toujours la même chose. Demandez à quelqu'un que votre Épagneul breton connaît bien de vous aider: un enfant du voisinage, par exemple. Commencez par piétiner une surface de 0,5 m² devant le chien avant de tracer une piste. Cette piste devra être tracée par votre assistant: celui-ci marchera en ligne droite sur une distance de 45 à 50 m, puis tournera à droite ou à gauche pour se cacher.

L'animal, qui portera son harnais et sa laisse, aura observé l'assistant tout en restant à vos pieds. Ordonnez-lui ensuite: «va, cherche». Vous suivrez, en marchant, la piste tracée par votre assistant. Répétez cet exercice pendant plusieurs jours mais en changeant d'assistant (qui sera toujours une personne que votre élève connaît bien et qui lui est sympathique).

Apprenez ensuite à votre chien à chercher votre assistant, mais sans qu'il ait pu le voir, en vous servant de ses vêtements. Avant de commencer l'exercice, inspectez bien le parcours en y laissant des repères. Demandez à votre assistant de se cacher environ un quart d'heure avant que vous n'arriviez sur les lieux. Emmenez votre chien à environ 50 m de sa cachette, emportez avec vous un des vêtements de votre assistant comme une chaussure ou une chaussette (choisissez toujours un vêtement à l'odeur forte) et faites-le flairer par votre Épagneul breton durant plusieurs minutes. Ordonnez alors: «va, cherche» en montrant le sol avec votre doigt.

Continuez cette leçon, une fois l'exercice précédent réussi, avec un autre collaborateur et des objets différents. Les découvertes de personnes cachées devront être récompensées, mais n'oubliez pas que cette récompense ne doit venir que de vous; votre Épagneul breton ne doit rien accepter de personnes étrangères.

Exercice: refuser les aliments donnés par un étranger ou trouvés

L'ordre: «pfft».

La méthode la plus employée par les délinquants pour se soustraire au courroux d'un chien de garde est de lui offrir un appât empoisonné afin de se débarrasser de lui. Vous devez donc apprendre à votre Épagneul beton à refuser toute nourriture qui pourrait lui être donnée par un inconnu. Vous aurez besoin de toute votre patience parce que le chien est insatiable quand on lui offre un aliment qu'il aime; il mangera la nourriture, qu'il ait faim ou non.

Les repas du chien doivent avoir lieu à heure fixe, mais pendant le dressage nous vous conseillons de ne lui donner à manger que le soir afin de ne pas l'alourdir avant ses exercices. Pour mener à bien cet exercice, vous aurez besoin de l'aide de plusieurs de vos amis; choisissez des personnes que votre Épagneul connaît et d'autres qu'il ne connaît pas du tout.

Faites jeûner l'animal une fois par semaine et, quand il est à jeun depuis la veille, amenez-le vers la piste où arrivera un assistant que votre chien connaît déjà. Bavardez et laissez votre ami caresser l'animal. Attachez le chien à un arbre et éloignez-vous pour vous cacher dans un coin d'où vous pourrez observer ce qui se passe. Votre ami s'approchera du chien, avec un journal enroulé, tout en veillant à laisser une distance de 20 cm entre lui et le chien en laisse. Il l'appellera par son nom et lui offrira un morceau de viande vieux de quelques jours. Mais juste au moment où le chien voudra prendre le morceau de viande dans sa gueule, votre assistant devra retirer sa main et donner un coup sec sur le museau et un autre coup sur les pattes avec le journal roulé. Il s'en ira ensuite rapidement. Sortez de votre cachette et dites au chien: «non» et, quand votre ami le frappera, dites-lui: «pfft». Votre ami, en partant, aura laissé tomber le morceau de viande près du chien; ramassez-le, montrez-le-lui et répétez: «non, pfft» tout en lançant la viande loin de vous.

À la leçon suivante, votre Épagneul breton ne devra pas connaître votre assistant. Bavardez avec ce dernier devant le chien. Votre ami sortira de sa poche un aliment qui ne sera pas de la viande, cette fois-ci. Comme dans l'exercice précédent, il offrira cet aliment au chien et le frappera de la même façon. Votre ami partira rapidement en faisant du bruit. Retenez votre chien tout en ordonnant: «aboie, aboie».

Par la suite, faites-lui répéter l'exercice en le laissant en liberté.

Exercice: ne pas sauter sur votre mobilier

Votre fauteuil favori ou celui d'un des membres de votre famille sera également le fauteuil favori de votre Épagneul breton. La raison en est que ce meuble garde les odeurs qui sont familières au chien, celles de son maître ou celles des autres membres de la famille, qui est, en fait, également sa famille. Il est évident qu'il pensera avoir tout à fait le droit de s'y étendre ou de s'y asseoir comme les autres.

Comment s'y prendre pour le faire changer d'idée? La solution la plus simple pour lui faire perdre cette mauvaise habitude est de poser sur le fauteuil que votre Épagneul breton préfère un chiffon imprégné d'un liquide spécial que les chiens ne supportent pas. Il sautera sur le fauteuil, reniflera, fera demi-tour et ne recommencera plus jamais.

Vous pouvez aussi tenter de l'éduquer. Dès qu'il sautera sur un fauteuil, ordonnez-lui: «viens», comme vous le lui avez enseigné dans les leçons de dressage; il quittera immédiatement son fauteuil et viendra vous rejoindre. Parlez-lui très sévèrement. Après s'être fait gronder plusieurs fois, il ne remontera plus sur votre fauteuil favori... du moins en votre présence! Le problème sera évidemment de l'en éloigner définitivement.

Il existe une autre méthode: achetez quelques souricières, placez-les sur «son» fauteuil, puis recouvrez-les de quelques feuilles de journal. Dès que votre Épagneul breton sautera sur le fauteuil, une des souricières se fermera avec un bruit sec; effrayé, votre chien sautera du fauteuil; s'il essaie une seconde fois, une autre souricière claquera et votre compagnon aura compris la leçon.

Vous pouvez également le dresser à se rendre au lit quand vous le lui ordonnez: apprenez-lui le mot «lit» en le lui répétant d'une voix sourde et forte et en lui montrant sa couche; faites-le plusieurs fois jusqu'à ce qu'il comprenne. Ainsi, vous pourrez toujours l'envoyer se coucher s'il occupe votre place...

La dernière possibilité sera que, fatigué d'essayer en vain de déloger votre Épagneul breton, vous alliez vous coucher, vous!!!

Sous-estimation des capacités de votre Épagneul breton

Ayez confiance en votre Épagneul breton et, s'il lui est parfois difficile d'accomplir certains des exercices que vous lui imposez, ne le lui reprochez pas trop; agissez avec discernement et pensez à son amour-propre.

Surestimation des capacités de votre Épagneul breton

Ne poussez pas votre compagnon au-delà de ses limites. En observant attentivement votre Épagneul breton, vous connaîtrez à la fois ses qualités et ses défauts. Si certains exercices lui font horreur, ne le forcez pas à les faire: soyez patient, sinon vous pourriez provoquer des crises nerveuses qu'il vous sera difficile d'éliminer par la suite.

La fin du dressage

Maintenant que vous avez terminé cette éducation, vous serez certainement d'accord avec nous pour dire qu'effectivement vous aviez devant vous un chien à l'état brut que vous avez dégrossi en lui apprenant tout ce qu'un apprenti doit savoir et qu'à la fin de l'apprentissage, il est réellement devenu votre compagnon; ne serait-ce pas plus juste pour notre Épagneul breton d'utiliser le terme «apprentissage» plutôt que «dressage»? Votre chien se considérera comme votre égal, trottinant à vos côtés, vous jetant de temps à autre un regard complice...

L'Épagneul breton vieillissant

Un jour, vous remarquerez que votre chien n'a plus guère d'intérêt pour la vie sexuelle; il deviendra moins alerte et même s'il désire toujours participer à la vie de votre famille, ses réactions seront moins vives: il n'aura plus l'agilité ni l'énergie de sa jeunesse. Il tombera plus souvent malade et sera plus sujet aux rhumatismes. Le moment de sa «retraite» arrivé, vous devrez le garder chez vous et le soigner comme le «vétéran» qu'il sera devenu. Le vieux chien ressemble beaucoup à un bébé. Déjà, durant sa vie active, il avait grand besoin d'affection; l'âge aidant, ce besoin d'amour ne fait que s'amplifier. Il deviendra un merveilleux chien de compagnie.

Il se pourrait qu'il ne puisse plus se mouvoir seul. Une solution à ce problème vient d'être découverte: un industriel français vient d'inventer le «Canis-mobile», une sorte de chariot monté sur roues, qui soutient le chien handicapé et permet également l'accès aux marches et aux trottoirs; avec cet équipement, votre compagnon retrouvera une grande part de son autonomie.

Les vétérinaires interrogés trouvent un grand avantage à ce procédé puisqu'il permet aux chiens d'avoir une digestion tout à fait normale, à l'encontre des chiens qui doivent se traîner à cause de leur paralysie, ce qui provoque des blocages d'estomac pénibles. L'industriel français M. Fradin précise que l'appareil ne corrige rien; il aide seulement le chien dans ses mouvements et lui permet de faire ses besoins seul: vous n'aurez donc plus, à tout moment, à être au service de votre chien handicapé. Ce «Canis-mobile» peut être employé en cas d'immobilisation temporaire, de paralysie des membres postérieurs ou de l'arrière-train, de hernie discale, etc.

Le fabricant peut, évidemment, construire ce chariot selon la taille du chien handicapé.

Soyez attentif à la santé déclinante de votre Épagneul breton et n'hésitez pas à vous rendre chez votre vétérinaire pour le faire examiner.

Il n'a plus que vous et votre famille comme environnement; vous aurez à cœur de lui consacrer encore plus de temps et d'attention que jamais. Vous continuerez à faire votre promenade avec lui, mais en marchant plus lentement, chaque mouvement lui étant désormais pénible. Il deviendra plus possessif envers son entourage; n'y voyez pas un travers mais une preuve d'amour, et acceptez qu'il soit parfois irritable: c'est l'âge...

La chaleur de son regard et sa gentillesse vous dédommageront des efforts que vous faites pour rendre ses dernières années aussi agréables que possible. (En général, un Épagneul breton a une longévité de 12 à 13 ans.)

Il arrivera un jour où tous les médicaments seront impuissants à le garder en vie; il vous faudra alors prendre la grave décision de vous séparer de lui pour toujours. Ne vous en occupez pas vous-même, cela vous briserait le cœur; demandez au vétérinaire d'agir. À l'aide d'une injectin de Penthotal ou de Nembutal, il fera entrer votre Épagneul breton dans un sommeil profond qui le fera passer au néant sans souffrance. Nous ne pouvons vous conseiller d'assister ou non à l'opération; cela dépendra de votre sensibilité, de votre lien avec le chien, de votre désir de partager avec lui ses derniers instants...

Sa vie sociale

Afin de cerner le mieux possible la façon d'être de votre Épagneul breton et de pouvoir expliquer son comportement au sein du milieu social dans lequel il vit, il est bon de remonter dans le temps afin d'examiner la genèse de cette race de chiens.

L'Épagneul breton est le produit de l'accouplement de certaines races anglaises avec l'Épagneul français, lui-même descendant du chien couchant du Moyen Âge.

Les croisements qui ont été faits avec les Setters anglais et irlandais lui ont donné ses dimensions actuelles et surtout le caractère si astucieux et si débrouillard qui est le sien.

En tant que chien d'arrêt, sa sociabilité est proverbiale: jamais il ne laissera tomber son maître au cours d'une expédition. Tenace et têtu comme un Anglais, il ne considérera son travail terminé que lorsque le gibier se trouvera au pied du maître et qu'il aura reçu caresses et félicitations.

Si vous souhaitez en faire un chien de compagnie, un dressage adéquat vous permettra de récolter au centuple ce que vous avez investi en lui: de la tendresse, de la joie, de la douceur, et quoi encore!

Votre Épagneul breton est un chien dominateur, c'est-à-dire qu'il délimite et garde jalousement son territoire. Et quel est-il, ce territoire, pour l'Épagneul breton de compagnie? C'est la maison de ses maîtres. Votre compagnon voudra donc avoir préséance sur tout autre chien à l'intérieur de votre demeure.

Vous êtes inquiet quant au comportement social de votre Épagneul breton? Lui aussi est vraisemblablement inquiet de votre comportement, car, chez les chiens de sa race, les privilèges accordés par le maître sont essentiels. Il peut tomber malade s'il se sent négligé ou si vous modifiez subitement son alimentation. Il voudra passer beaucoup de temps à vos côtés et vous en voudra si vous le privez de caresses... Y avez-vous songé?

Bien des choses ont changé quant aux raisons qui poussent quelqu'un à devenir le maître d'un chien; si, il n'y a pas très longtemps, le but était de faire travailler son chien, soit comme chasseur, soit uniquement comme chien de compagnie, ce qu'on désire aujourd'hui, c'est qu'il fasse partie intégrante de la famille et qu'il vive en permanence au foyer. Souvent il est le premier compagnon du nouveau couple, bien avant la venue d'un bébé, ce qui peut provoquer des problèmes dont nous parlerons plus loin. Il assistera donc à l'arrivée du nouveau membre de la famille et participera, lorsque le bébé grandira, aux jeux de ce dernier. Il contribuera au développement de la personnalité et même de l'intelligence de l'enfant. Devenu l'ami de tous à la maison, il partagera leurs joies et leurs peines.

Votre Épagneul breton est donc bien plus qu'un compagnon de chasse ou qu'un chien de compagnie; il s'intègre dans la société humaine. Nous assistons à une mutation sociale, à un phénomène qui révolutionne nos mœurs. La famille a un réel besoin du soutien affectif du chien et il est primordial que, par son comportement, l'animal puisse répondre à ce besoin. Conséquemment, ce serait dommage qu'il en soit empêché pour une raison quelconque comme la peur, l'agressivité ou une difficulté à s'adapter.

Nous vous l'avons déjà dit, occupez-vous de votre Épagneul breton, vous en avez tous deux besoin. Ne manquez pas la vigoureuse promenade quotidienne. Ne le laissez pas y aller seul, cela lui ferait de la peine. Courir sans vous, uniquement pour garder la forme, ne ferait pas son bonheur: ce n'est qu'avec vous qu'il se sent parfaitement heureux...

Entretenez convenablement sa belle fourrure; consacrez quelques minutes par jour à sa toilette: il vous en sera reconnaissant.

Votre chien saura vous faire comprendre quand il a un besoin irrésistible de jouer: si vous le voyez vous saluer en abaissant le haut du corps, l'arrière-train dressé, les pattes de devant toutes droites devant lui, et qu'il vous regarde de ses yeux perçants comme s'il voulait vous hypnotiser, le message est clair: «Et alors, on joue un peu?»

L'Épagneul breton et les enfants

Après avoir discuté avec votre famille et écouté attentivement l'avis du conseiller canin, voilà que vous avez pris une grande décision: acheter un Épagneul breton.

Vous rentrez chez vous et, après lui avoir fait faire connaissance avec votre partenaire, vous passez aux enfants; voilà une tâche délicate qui exige beaucoup de doigté. Le chien est encore petit, et il vaut mieux prévenir vos héritiers que ses dimensions vont changer assez rapidement.

Nous vous l'avons dit, la tâche est délicate, mais vous vous en sortirez certainement si vous mettez en œuvre toute la diplomatie dont vous êtes capable. Ne présentez pas votre nouveau compagnon aux enfants, faites le contraire: présentez les enfants à l'Épagneul breton, qui se rappellera fort bien le nom de chacun d'eux; ensuite seulement vous présenterez votre Épagneul breton aux enfants en leur disant son nom dont, remarquez-le, il se souviendra très bien.

Votre Épagneul breton adore jouer, comme vous le savez déjà, et il participera à tous les jeux que vos enfants proposeront: il apprend vite et finira, bonasse et l'air de rien, par être le meneur que vos enfants, émerveillés, suivront avec joie. L'Épagneul breton est débrouillard et son instinct lui permet de trouver facilement les objets cachés. Imaginez tous les jeux qu'il pourra partager avec les enfants!

Vous expliquerez aux enfants que le nouveau venu n'est pas une boule de poils sur lesquels on peut tirer. Ouvrez bien la gueule de votre Épagneul breton et montrez-leur les dents du chien qui peuvent faire mal en réponse à un mauvais traitement de leur part, comme tirer sur ses oreilles, qu'il a sensibles, comme tout autre chien, ou essayer de lui arracher des poils. La réaction de l'animal pourrait être très vive. Dites-leur bien de ne pas lui faire de mal, en exagérant même un peu la réaction éventuelle du chien. Expliquez à vos tout-petits qu'il est malsain d'avaler les poils du chien et qu'il est préférable de bien terminer son assiette à table plutôt que de se nourrir des poils de chien.

Profitez des présentations pour apprendre à vos enfants à respecter les animaux; cela leur servira certainement un jour dans la vie! Nous savons tous que la queue du chien n'est pas un cordon de sonnette sur lequel on peut tirer mais... le leur avez-vous appris?

Vous n'aurez aucun problème à introduire votre Épagneul breton au sein de la famille. Il acceptera de jouer avec les enfants, à la condition, bien sûr, qu'il ne soit pas brutalisé; mais sa stature imposante et son regard, qu'il peut rendre glacial, le protègent pour ainsi dire de tout mauvais traitement.

Vous n'aurez aucun problème non plus quand vos enfants recevront leurs petits amis: votre Épagneul breton les accueillera fort bien, participera à leurs jeux tout en surveillant les visiteurs afin qu'il ne soit fait aucun mal à «ses petits frères et sœurs», car c'est ainsi qu'il considère vos enfants.

La venue d'un chien dans une famille peut être bénéfique. Des études menées en 1985 par le professeur Y. Agonski ont mis en lumière d'importantes modifications de comportement chez des enfants négligés, maltraités ou même rejetés par leur famille. Une fois confiés à des familles d'accueil où il y avait un chien, ces bambins de quatre ans amélioraient nettement la maîtrise et la régulation de leur comportement en apprenant à accomplir des tâches qui demandaient la collaboration du chien. Par l'entremise de ces interactions positives, ils prenaient conscience de leur capacité d'agir sur leur environnement, ce qui les amenait à accroître leur confiance en eux-mêmes. Ces effets bénéfiques ont également pu être observés chez des enfants dépressifs, psychotiques et mentalement déficients.

Les études entreprises depuis 1970 au Laboratoire de psychophysiologie de la faculté des sciences de Besançon (France) par le professeur Hubert Montagner montrent bien l'importance de la communication non verbale entre le chien et l'enfant. Cette forme de communication peut donner un sentiment de sécurité à un enfant perturbé, isolé ou même rejeté par ses frères et sœurs. Le comportement paisible du chien jouera un rôle capital dans le développement social de l'enfant.

Si vous avez des enfants qui aiment l'aventure, ils trouveront dans l'Épagneul breton un chien qui les freinera de ses quatre pattes: vous pouvez le charger de surveiller les enfants afin qu'ils ne dépassent pas la mesure: à travail demandé, travail accompli... et vous pouvez dormir sur vos deux oreilles!

Que ferez-vous si la famille est sur le point de s'agrandir et que votre Épagneul breton est déjà bien installé dans la maison? La vie du chien sera bouleversée quand le bébé viendra prendre sa place dans la maisonnée. Vous devrez interdire certaines libertés au chien et vous aurez moins de temps pour vous en occuper.

Ces limitations ne devraient pas coïncider avec la naissance du bébé. Vous y penserez avant et habituerez votre Épagneul breton à prendre sa place de chien sans jamais le considérer comme l'enfant que vous n'avez pas encore. Si vous n'agissez pas ainsi, votre compagnon croira qu'on cesse de le dorloter comme un enfant gâté parce que le bébé prend sa place; l'animosité qui pourrait s'installer serait difficile à éliminer par la suite.

Avant l'arrivée du bébé à la maison, donnez à l'Épagneul breton une brassière portée par le nouveau-né afin que le chien se familiarise avec cette nouvelle odeur; ne changez pas votre façon de faire puisque vous aurez suivi nos conseils en lui assignant sa place de chien au sein de la famille. N'oubliez pas de caresser votre chien quand vous êtes avec votre bébé. Parlez-lui comme avant afin de ne pas réveiller la jalousie naturelle de votre Épagneul breton et pour éviter qu'une rivalité entre le chien et le bébé ne vienne ternir ces moments de joie pour vous tous.

Ce que l'enfant devra vaincre

Instinctivement, l'enfant aura peur d'un animal qui bouge autant que l'Épagneul breton. Expliquez à votre enfant que sa peur n'est pas justifiée et qu'il peut considérer ce chien comme l'un de ses meilleurs amis. Rassurez-le calmement, aussi longtemps que l'enfant aura un geste de recul devant votre compagnon. Enseignez également à l'enfant que votre Épagneul breton est un être vivant et non un robot mécanisé qu'il peut soumettre à tous ses caprices.

L'enfant acceptera facilement votre chien comme compagnon de jeu. Il devra apprendre à ne pas l'entraîner dans ses aventures extravagantes et à ne pas le fatiguer en lui demandant sans cesse de rapporter des objets lancés ou cachés.

Votre enfant devra également vaincre une compassion mal placée qui le pousserait à gaver son compagnon de sucreries. Expliquez-lui que cela gâterait les dents sensibles de l'Épagneul breton; comparez-les aux dents de l'enfant qui le feraient souffrir s'il croquait sans cesse des bonbons. Votre enfant comprendra et acceptera ce fait; mais surveillez néanmoins le niveau du sachet de bonbons, car votre Épagneul breton est bien capable de prendre un air pitoyable et malheureux pour se faire offrir par l'enfant la friandise défendue.

L'Épagneul breton étant un chien dominateur malgré sa petite taille, il faudra faire comprendre à votre enfant qu'il ne doit pas le contraindre à agir contre son gré; inutile pour l'enfant d'insister, c'est l'Épagneul breton qui a raison. Votre enfant apprendra ainsi l'art du compromis.

Ce que l'enfant devra accepter

L'enfant devra comprendre, sans pour cela développer un complexe de supériorité, que sa position sociale est supérieure à celle de son compagnon; l'explication sera délicate et difficile, mais vous y arriverez à force de patience.

Comment enseigner à un enfant à bien se conduire avec un Épagneul breton

Une des meilleures méthodes sera de faire participer l'enfant au dressage et de lui enseigner les ordres simples que l'Épagneul breton pourra accepter de lui; ils apprendront ainsi à se respecter mutuellement. Votre enfant a besoin d'affection, votre Épagneul breton aussi: ils peuvent s'en donner en se faisant guider par les parents ou les maîtres.

Si vous allez faire une promenade avec votre Épagneul breton, emmenez votre enfant et profitez-en pour lui rappeler ce qu'il a appris en assitant au dressage du chien, afin qu'il ne lui donne pas d'ordres inconsidérés, qui ne seraient d'ailleurs suivis d'aucun effet, l'Épagneul breton sachant faire la différence entre un ordre judicieux et un ordre arbitraire.

Votre enfant devra apprendre à être doux avec le chien car l'Épagneul breton ne supporte pas la brutalité. Faites-lui remarquer comment l'Épagneul breton est heureux d'être traité gentiment et avec délicatesse.

Ces rudiments de dressage, que l'enfant appliquera de bonne grâce, lui seront profitables, et vous remarquerez qu'il apprend beaucoup de choses sur lui-même en vivant près de l'Épagneul breton.

L'Épagneul breton et les amis

Votre compagnon est méfiant envers les personnes qu'il ne connaît pas et qui entrent dans son «domaine». Dès que vos amis arrivent, présentez-leur votre chien. Celui-ci saura utiliser son flair exceptionnel et comprendra rapidement que les amis de son maître sont aussi ses amis.

Lorsque ces mêmes amis reviendront à la maison, il les recevra chaleureusement, comme il se doit!

L'Épagneul breton et les autres animaux

Aucun problème avec les autres animaux de la maisonnée. Pour l'Épagneul breton, ils n'existent pas puisqu'il est persuadé d'occuper la première place dans le cœur de son maître.

Ne gardez surtout pas de gibier vivant dans la maison: vous provoqueriez des catastrophes. L'Épagneul breton vous prouvera en un instant qu'il est un merveilleux chasseur et Dieu sait ce qu'il pourrait advenir!

Seul le lait maternel convient aux besoins nutritifs des chiots.

La reproduction

Les loups, parce qu'ils vivent entre eux, parviennent à garder leur race pure. Par contre, les chiens, et parmi eux l'Épagneul breton, astreints à rencontrer d'autres races canines au gré de leurs promenades, doivent être surveillés de près.

Vous devrez surveiller très attentivement les reproducteurs directs et tenir compte de leur généalogie, afin d'assurer la perpétuation des caractéristiques anatomiques de la race et de rejeter les chiens qui présentent des défauts.

On a souvent affirmé qu'un premier accouplement avec un chien bâtard influence les mises bas suivantes et que la chienne mettra à nouveau bas des bâtards même si elle est accouplée par la suite avec un chien de race pure. Ce n'est pas exact: aucun fondement scientifique ne vient prouver cette assertion qui ne tient qu'à des croyances populaires.

Ce qui est vraiment problématique, c'est l'atavisme (l'hérédité éloignée). Il s'agit là d'une question à laquelle il est proprement impossible de répondre. En effet, même si l'on choisit très consciencieusement leurs reproducteurs, les chiots peuvent présenter des caractéristiques que l'on ne pouvait absolument pas prévoir. Ils peuvent n'avoir ni la même intelligence ni le même caractère que leurs parents sans qu'il soit possible d'en connaître les causes.

Il est donc nécessaire de bien connaître les antécédents d'un chien de race avant l'accouplement. On ne doit pas s'en tenir aux caractéristiques des parents, mais essayer de remonter de quelques générations. Prenez un maximum de précautions tout en sachant que vous pourriez quand même avoir des surprises.

Par ailleurs, méfiez-vous d'une consanguinité excessive qui pourrait donner lieu à des phénomènes de dégénérescence.

En résumé, sachez qu'il serait dommage, sous prétexte qu'elle satisfasse ses instincts sexuels, de laisser votre Épagneul breton femelle produire une nouvelle génération dans n'importe quelles conditions.

La présentation

La chienne a ses premières chaleurs entre 8 et 12 mois et elle atteint son aspect définitif d'adulte à environ 10 mois. Mais il n'est pas bon de la laisser avoir une portée à cet âge, la consolidation de son squelette n'étant pas terminée. Il vaut donc mieux attendre ses deuxièmes chaleurs ou même ses troisièmes pour la «présenter» à un mâle.

Ses chaleurs reviennent, en général, tous les six mois. Ces périodes peuvent varier légèrement selon chaque chienne. Lorsque la vôtre sera en chaleur, elle deviendra nerveuse, boira plus que de coutume et perdra l'appétit; ses organes génitaux sécréteront un liquide un rien sanguinolant, à l'odeur très particulière qui mettra le mâle à l'affût.

Certains Épagneuls bretons femelles peuvent refuser de s'accoupler avec un mâle. D'autres auront des préférences et peut-être même des exclusivités pour un certain mâle, qu'il soit de race ou bâtard. Dans ce cas, il faudra faire exciter la chienne par le prétendant qu'*elle* aura choisi, avec toutes les précautions nécessaires pour éviter une saillie, et lui présenter aussitôt le mâle que *vous* aurez choisi en fonction de ses qualités. En général, la femelle tolère la présence du mâle une dizaine de jours après les premiers symptômes des chaleurs.

L'accouplement devra avoir lieu dans un endroit tranquille, dans l'intimité. Laissez faire la nature si l'accouplement se prolonge, n'essayez pas de les séparer; vous pourriez provoquer une déchirure du vagin.

Dès que votre Épagneul breton femelle est fécondée, ses chaleurs s'arrêtent. Si celles-ci se prolongeaient plus de deux jours après l'accouplement, essayez une deuxième saillie. Il est conseilé, si vous ne désirez pas que votre chienne soit fécondée, de lui administrer un contraceptif afin d'empêcher l'ovulation ou d'éviter les chaleurs. Demandez conseil au vétérinaire.

La période de chaleurs est assez longue et vous devrez veiller à ce que la femelle ne s'accouple pas avec n'importe quel mâle. Il pourrait y avoir une fécondation supplémentaire, et votre chienne vous doterait d'une portée hétérogène si les pères n'étaient pas tous de la même race.

Si votre Épagneul breton s'est accouplée avec un mâle «douteux», vous pouvez éviter la fécondation en lui injectant dans le vagin de l'eau vinaigrée à raison de 25 ml de vinaigre pur par litre d'eau.

Le sort peut faire que votre chienne soit totalement indocile: il deviendra alors nécessaire de pratiquer l'insémination artificielle. Ce procédé très simple peut être pratiqué par votre vétérinaire et il se solde, en général, par une réussite complète.

La gestation

Si tout s'est déroulé normalement lors de la «présentation», il ne vous reste plus qu'à attendre, en laissant faire la nature. Sauf complications exceptionnelles, la gestation suivra son cours normal; elle dure, chez l'Épagneul breton, de 62 à 64 jours, soit environ 9 semaines.

La gestation pourrait s'interrompre entre le cinquante-huitième et le soixante-cinquième jour selon l'âge de la mère, son mode de vie, sa santé et le nombre de chiots de sa portée. La maternité est une période particulière dans la vie de l'Épagneul breton femelle. Les premiers symptômes se manifesteront de quatre à cinq semaines après l'accouplement. Avant cette période, il est difficile d'établir s'il y a eu fécondation.

Mais si vous observez bien votre chienne, il y a des signes qui ne trompent pas. Elle commencera par se désintéresser de sa nourriture: elle manquera d'appétit. Elle aura des nausées suivies de vomissements. Son comportement sera instable. La nuit, elle rêvera ou fera des cauchemars qui la feront gémir comme si elle appréhendait quelque chose, comme si elle avait peur. Sa façon d'agir, ses manières se transformeront de façon de plus en plus évidente à mesure qu'elle avancera dans sa gestation.

Si vous désirez absolument savoir si votre chienne a été fécondée, procédez à un test chimique qui a pour but de vérifier le fonctionnement hormonal, semblable à celui de Friedman sur les lapines. Mais même si le résultat est positif, rien n'est encore certain, car il peut s'agir d'un cas de grossesse nerveuse.

Votre bon sens vous fera comprendre ce que la chienne doit ou ne doit pas faire pendant son état gravide. Évitez de la fatiguer et faites cesser tous les exercices violents auxquels elle était habituée. Plus de sauts, plus de courses excessives, mais ne négligez pas les promenades quotidiennes qui maintiendront la chienne en forme sans pour autant la fatiguer ni la surmener. Ces promenades sont essentielles pour votre Épagneul breton femelle.

Au fur et à mesure que les fœtus se développeront, la chienne grossira et deviendra paresseuse; elle sera fatiguée et voudra s'étendre de plus en plus souvent. Ne la dérangez pas, laissez-la faire, mais n'oubliez pas ses promenades. Vous observerez un affaissement de la région lombaire et un développement tout à fait normal des mamelles. Son ventre grossira progressivement. Votre chienne aura besoin de votre affection, de votre attention et de votre compréhension; soyez patient avec elle et fermez les yeux si elle est désobéissante. Pas de sévérité mais de la gentillesse, et, surtout, ne la laissez pas trop longtemps seule: elle a besoin de se sentir entourée des «siens». Veillez avec encore plus d'attention et de soin à sa propreté. Prenez garde aux parasites comme les poux. Pendant l'hiver, sortez-la le moins longtemps possible et protégez-la au maximum, à l'intérieur de la maison, du froid et de l'humidité.

Occupez-vous d'elle mais dans les limites du raisonnable: il ne faut pas en faire une chienne trop gâtée alors qu'elle peut très bien surmonter certaines difficultés. N'oubliez pas que la nature a fourni à votre chienne tous les moyens pour mener la gestation à terme sans grands problèmes. Soyez présent, mais ne soyez pas trop faible avec elle; aidez-la, mais laissez faire la nature.

Pendant la gestation, il faudra faire très attention à son alimentation. Les aliments devront être plus riches pour répondre à ses besoins. Augmentez le nombre de ses repas tout en réduisant les quantités. Les deux repas traditionnels que l'on donne normalement à un Épagneul breton ne sont plus de mise. Un repas trop copieux pourrait peser sur ses flancs qui sont déjà alourdis par le gonflement des mamelles et par la présence des fœtus. Augmentez la quantité de lait jusqu'à 1 litre par jour. Donnez-lui du lait entier. Son régime devra être composé de riz, de légumes verts et de viande fraîche; ajoutez, une fois par semaine, un œuf entier et deux jaunes. Trois à quatre repas quotidiens remplaceront donc les deux repas habituels. Vous les compléterez avec de la farine lactée, de la poudre d'os, du calcium et du phosphore.

Vous veillerez à ce que l'eau de son écuelle soit changée souvent et soit toujours propre. Cette eau ne devra jamais être trop froide ni trop chaude; la chienne appréciera l'eau propre et tiède.

Vous pouvez provoquer des difficultés lors de la mise bas si vous lui donnez une alimentation trop grasse et trop copieuse. Ajoutez à son régime des substances destinées à fortifier les os des chiots et à raffermir ceux de la mère. Si votre Épagneul breton montre un manque d'appétit insistant, adressez-vous sans tarder à votre vétérinaire; il vous indiquera ce qu'il y a lieu de faire.

Vous remarquerez, au fur et à mesure de l'évolution de sa grossesse, que votre chienne ne voudra plus être dérangée par des inconnus ou d'autres chiens.

Une quinzaine de jours avant la fin de la gestation, vous devrez trouver un endroit où elle mettra bas. Préparez-lui sa couche. N'attendez pas trop; habituez la chienne à sa nouvelle demeure. Elle n'en cherchera pas une autre, si vous vous y prenez à temps. Habituez-la à y prendre ses repas; qu'elle s'y repose le jour et la nuit. Veillez à ce que cet endroit soit tranquille et pas trop clair. La couche doit être légèrement surélevée afin de faciliter l'écoulement des liquides. Un simple panier à chien fera fort bien l'affaire.

Emmenez votre chienne plusieurs fois chez le vétérinaire de manière à faire vérifier son poids, son état de santé et ses besoins en vitamines et en calcium.

La naissance

Tout à la fin de la grossesse, les mamelles gonflées de votre chienne sécréteront un liquide semblable à du lait, le *colostrum*. Elle deviendra inquiète et préférera rester seule. La tranquillité et le silence lui seront nécessaires et bénéfiques. Les visites d'amis devront être évitées et la «future maman» ne devra pas s'apercevoir de votre surveillance. Ne vous approchez pas trop d'elle.

Surveillez le déroulement de l'opération et, en cas de complications, n'hésitez pas à appeler immédiatement le vétérinaire. Lui seul a les compétences pour y apporter les solutions appropriées.

La première mise bas est, en général, plus délicate que les suivantes. Il arrive parfois, et surtout la première fois, que votre chienne oublie ou néglige de couper le cordon ombilical avec ses dents. Si tel est le cas, vous devrez alors intervenir en le coupant avec des ciseaux stérilisés, le plus près possible du ventre, après l'avoir lié avec un fil de soie pour éviter que le chiot ne soit victime d'une hémorragie.

Comme vous avez pu le constater, votre présence est nécessaire pendant la mise bas de la chienne, même si vous laissez faire la nature. Ne l'énervez surtout pas et ne la dérangez uniquement qu'en cas de besoin réel.

Lorsqu'elle aura mis bas, laissez votre chienne se reposer et faire la toilette complète des chiots. En hiver, pensez à chauffer «son coin» afin qu'il soit bien confortable pour elle et les chiots. Laissez-la se reposer une journée auprès de ses petits, puis faites-lui reprendre progressivement son rythme de vie antérieur. Commencez par l'emmener en promenade afin qu'elle fasse travailler ses muscles.

Les chiots

Lors de la première mise bas, la portée moyenne est de sept chiots. Les petits chiens naissent aveugles, les yeux fermés. Vous devrez attendre une dizaine de jours avant qu'ils ne soulèvent les paupières.

Vous devrez malheureusement sacrifier certains des chiots. À la première mise bas, la mère ne pourra en effet s'occuper que de trois petits. Éloignez définitivement de la mère les chiots les moins bien formés et ceux qui ont l'air apathiques. Ce sacrifice, bien que très difficile, est absolument nécessaire pour la santé de la mère et pour la qualité de la portée. Lors d'une prochaine mise bas, peut-être pourrez-vous garder toute la portée. Mais là encore, ne gardez pas les chiots manifestement mal formés; éliminez-les immédiatement.

Pratiquer l'euthanasie vous sera probablement pénible: demandez plutôt au vétérinaire de s'en occuper. La meilleure façon demeure l'injection d'un anesthésique très puissant; ainsi, l'intervention sera rapide et indolore. Ne choisissez pas la noyade, il s'agit là d'une méthode cruelle et sauvage.

Vous devrez retirer les chiots sacrifiés pendant que la mère fera sa promenade.

La chienne s'occupera elle-même de ses petits, mais soyez toujours aux aguets, prêt à intervenir pour l'aider, surtout s'il s'agit d'une première portée.

L'allaitement

Les chiots trouveront d'instinct les mamelles, très saillantes, sous le ventre de leur mère. Seul le lait maternel convient aux besoins nutritifs des bébés chiens. Le colostrum purgera les chiots et leur transmettra les anticorps naturels de leur mère, ce qui les protégera contre les maladies des «premiers jours».

Le colostrum est indispensable aux chiots: les statistiques révèlent qu'environ 85 p. 100 des nouveau-nés qui n'ont pas, pour une raison quelconque, reçu de colostrum meurent rapidement.

Il se pourrait que la chienne soit intolérante avec ses petits, ce qui pourrait nuire à leur croissance. Dans ce cas, consultez votre vétérinaire qui prescrira de légers calmants, cette intolérance étant due à une hypernervosité. Si l'intolérance dégénère en aversion déclarée, vous devrez alimenter les chiots artificiellement. Ce n'est que dans ce cas, ou dans celui, bien sûr, d'une mauvaise lactation, que vous pouvez alimenter les chiots. Ce n'est pas facile et rien ne dit que vous y parviendrez. Vous devrez préparer un lait ressemblant au lait maternel, sinon, désorientés, les bébés le refuseront. Le poids du petit double normalement en moins de 10 jours, preuve de la richesse du lait maternel. Faites-vous conseiller par votre vétérinaire. Il vous indiquera peut-être une préparation que vous trouverez toute faite sur le marché ou qu'il composera lui-même. Quoi qu'il décide, suivez ses directives.

Le sevrage

La période de sevrage se déroule progressivement. Elle correspond à peu près à la fin de l'allaitement, qui devient de plus en plus douloureux parce que les chiots commencent à avoir leurs dents de lait. La mère devient impatiente quand les petits viennent se nourrir. Elle commence à les éduquer elle-même en leur présentant sa propre nourriture, que les chiots essaient de laper.

Trouvez le moyen de séparer les chiots de la mère pendant une partie de la journée afin que leur instinct de téter diminue. Si les petits rencontrent la mère uniquement aux repas, cela leur permettra de prendre des habitudes bien réglées.

Offrez aux chiots des jouets non toxiques pour qu'ils puissent mordre dedans. Commencez par leur donner de la viande hachée (cuite de préférence) afin qu'ils s'habituent à manger des aliments solides. Ne leur donnez surtout pas du lait de vache. Certains petits Épagneuls bretons ont tendance à se gaver; ne les laissez pas faire: la digestion à cet âge est encore délicate; vous leur épargnerez ainsi des ennuis gastriques et d'éventuels problèmes d'obésité.

N'oubliez pas de les garder bien au chaud; évitez de les placer ou de les laisser dans des endroits où il y a des courants d'air.

Le pense-bête

Pour faciliter le sevrage, il faut séparer les chiots de leur mère pendant une partie de la journée.

Le carnet de santé

Il est indispensable de tenir à jour le carnet de santé de votre Épagneul breton. Ce carnet vous est généralement remis par votre vétérinaire ou par l'éleveur, si c'est lui qui s'est occupé de la vaccination.

Que devez-vous y inscrire? Les dates et les événements importants de la vie de votre chien:
- Le nom de ses parents, sans oublier les nom, adresse et numéro de téléphone de l'éleveur qui vous l'a vendu.
- Les dates où il a reçu des vermifuges et le nom des produits administrés.
- La date des vaccinations.
- La date des rappels.
- La date des maladies et le nom des médicaments reçus.
- La date du début et de la fin du dressage.
- Les dates des saillies et des mises bas, etc.
- Tout événement qu'il vous semble important de consigner.

La trousse d'urgence

Il est très important d'avoir toujours sous la main une trousse d'urgence que vous devrez garder bien fermée. N'oubliez pas de l'emporter lorsque vous emmenez votre chien en voyage.

Sitôt un médicament employé, il faudra immédiatement le remplacer afin que la trousse soit toujours complète.

Cette trousse d'urgence devra contenir:
- Un thermomètre rectal et un lubrifiant.
- Du sparadrap et de la gaze pour les bandages.
- Un médicament contre les brûlures qui aura été prescrit par votre vétérinaire.
- De l'acide borique ou du collyre pour les bains oculaires
- Un laxatif assez léger comme le lait de magnésie.
- Du kaopectate contre la diarrhée.
- Des sels d'ammoniac pour le traitement des chocs.
- De la poudre de moutarde ou du sel de table comme émétique.
- Du charbon de bois actif comme contrepoison (mais en cas d'empoisonnement, appelez aussitôt que possible un vétérinaire).

Le voyage

Vous planifiez un voyage et vous voilà en train de discuter avec vos proches au sujet des difficultés liées à la présence de votre Épagneul breton. Vous vous trouvez devant plusieurs possibilités: la première serait de le laisser sur place, et vous auriez alors à décider entre le laisser à la maison, le confier à des amis ou le mettre en pension; la deuxième possibilité serait de l'emmener avec vous, et vous auriez à choisir le moyen de transport: la voiture, le train, l'autobus, le bateau ou l'avion.

Quelle que soit votre décision, sachez qu'il est préférable de le laisser à la maison sous la garde d'amis: nous vous rappelons qu'il vaut mieux que ce soient des gens qu'il connaît parfaitement. Si vous décidez de le mettre en pension, il vaut mieux que ce ne soit que pour quelques jours et après que vous lui aurez fait connaître les lieux et les propriétaires avec lesquels il sera en contact tous les jours.

Vous le laissez à la maison

La personne qui viendra s'occuper de votre Épagneul breton devra être quelqu'un que votre compagnon connaît très bien. Elle devra, évidemment, dormir chez vous. Mais il ne faudra pas s'étonner si votre chien, se croyant abndonné par son maître, montre sa mauvaise humeur en se soulageant un peu partout dans la maison au lieu de faire ses besoins là où il en a l'habitude. Vous devrez prendre cette décision en tenant compte du caractère de l'animal et de ses relations avec la personne qui viendra s'occuper de lui.

Vous le laissez chez des amis

Dans ce cas également, il faudra que l'animal connaisse parfaitement bien les personnes qui vont l'héberger. Vous devrez apporter dans sa demeure provisoire des objets qui ont gardé vos odeurs, qui lui sont familières, ainsi que ses jouets préférés. Il serait bon de l'y emmener «en visite» plusieurs fois avant de l'y laisser. Quoi qu'il en soit, que vous le laissiez à la maison ou chez des amis, il est recommandé que ce ne soit pas pour une trop longue période: votre Épagneul breton vous en voudrait. Prévenez vos amis que le chien pourrait faire ses besoins un peu partout pour montrer qu'il n'aime pas être éloigné de son maître.

Vous le mettez en pension

Visitez plusieurs pensions avant de prendre une décision. Assurez-vous que les animaux n'y soient pas trop nombreux. Visitez les locaux afin de vérifier s'ils sont propres. Observez le travail du personnel. Vérifiez la qualité de la nourriture. Le prix est également à considérer, mais vous devez tenir compte du fait que ce ne sont pas toujours les pensions les plus coûteuses qui sont les meilleures. Renseignez-vous auprès de la direction pour savoir si les visites d'un vétérinaire sont prévues. Demandez à des amis qui ont aussi un chien quelles ont été leurs bonnes et mauvaises expériences.

Avant de décider, consultez, en dernier ressort, votre vétérinaire attitré; d'ailleurs, s'il habite hors de la ville, il pourrait peut-être vous proposer d'héberger votre Épagneul breton. Vous aurez à présenter le carnet de vaccination, qui devra être à jour, et ce dans quelque pension que ce soit. Pour votre tranquillité, faites passer un examen général à votre animal chez votre vétérinaire avant de le mettre en pension. Assurez-le et, s'il ne l'est pas déjà, faites-le tatouer: il pourra ainsi toujours être identifié s'il s'échappe ou se perd.

Vous l'emmenez avec vous

C'est décidé, il vous accompagne. Vous voyagerez en voiture, en train, en autobus, en bateau ou en avion.

En voiture

Votre Épagneul breton devra voyager à l'arrière de la voiture et être isolé par un filet ou un grillage.

Ne l'enfermez jamais dans le coffre de la voiture, il en souffrirait, autant physiquement que moralement. Si vous emmenez un chiot, il se pourrait qu'il soit sujet à des vomissements. Ne le laissez pas voyager le ventre plein; faites en sorte qu'il ait bien digéré au moment du départ. Il est également préférable de ne pas lui donner à boire avant de partir.

Si votre animal est sujet au mal des transports, vous pouvez lui donner un médicament une demi-heure avant le départ. Consultez votre vétérinaire à cet effet.

Le chien aime passer la tête par la vitre; ne le laissez pas faire: il risque une conjonctivite.

Vous devrez vous arrêter souvent pour qu'il puisse faire ses besoins et se dégourdir les pattes. Arrêtez-vous à l'écart de la route afin qu'il puisse courir sans danger. Si vous laissez votre Épagneul breton dans la voiture, stationnez-la à l'ombre et laissez les vitres entrouvertes.

En train

Votre Épagneul breton n'a pas le droit de vous accompagner dans votre compartiment. Il devra voyager dans la voiture à bagages. Vous devrez le mettre dans une cage ou, du moins, lui mettre une muselière et une laisse. Vous aurez un coupon spécial qui vous permettra, à tout moment, de lui rendre visite et de le nourrir. La compagnie de chemin de fer met à la disposition des animaux ce qu'il leur faut pour faire leurs besoins.

En autobus

Avant de partir en voyage, renseignez-vous bien pour savoir si la compagnie de transport accepte les chiens et dans quelles conditions.

En bateau

Mêmes dispositions qu'en autobus. Ayez toujours sur vous un certificat de bonne santé de votre animal. Il est préférable que ce certificat soit récent.

En avion

Pratiquement toutes les compagnies aériennes acceptent de transporter les animaux domestiques.

Prenez-vous-y à temps, les places sont limitées. Les chiots peuvent parfois voyager en cabine avec leur maître, mais cela n'est pas une règle générale: renseignez-vous avant de partir. Généralement, l'Épagneul breton doit voyager dans la soute de l'avion. Ne vous inquiétez pas, la soute est climatisée et pressurisée. Demandez à votre vétérinaire un cachet que vous administrerez au chien juste avant le départ afin qu'il reste calme et somnolent. Certains vétérinaires préfèrent donner une piqûre dont l'effet dure plus longtemps. Il est conseillé de libérer rapidement votre animal de la consigne à l'arrivée; son voyage n'aura pas été aussi confortable que le vôtre...

Les déplacements en ville

Dans le métro, à Montréal, vous n'êtes pas autorisé à voyager avec un chien; seuls les aveugles en ont le droit. Dans les autobus, les règlements sont plus souples: il est permis de voyager avec un chiot que vous pouvez tenir sur vos genoux, mais seuls les aveugles ont la permission d'être accompagnés d'un chien adulte.

Il n'existe pas de règlement spécifique à Montréal en ce qui concerne la prise en charge des chiens dans les taxis. La plupart des chauffeurs les acceptent... sauf ceux qui en ont peur!

À l'étranger

Les lois concernant le passage des frontières pour les animaux dépendent de la législation de chaque pays. Soyez en règle, sinon on pourrait vous en refuser l'accès.

Avant de partir, renseignez-vous auprès du consulat du pays où vous désirez vous rendre ou munissez-vous des brochures offertes dans les agences de voyage. Plusieurs pays, et plus particulièrement ceux du Commonwealth britannique, vous obligeront à mettre votre Épagneul breton en quarantaine dès l'arrivée; d'autres pays vous demanderont de présenter un certificat de vaccination antirabique ou de bonne santé, ou les deux.

Quelques exemples: les *États-Unis* ne vous demandent qu'un certificat de vaccination antirabique délivré plus de 30 jours et moins de un an avant votre passage de la frontière; ils peuvent également imposer une visite sanitaire au port d'arrivée. Pour la *Grande-Bretagne*, les instructions sont sévères: l'Épagneul breton doit être accompagné d'un certificat de vaccination antirabique et d'un certificat de bonne santé, et il sera mis en quarantaine pendant six mois. Il en va de même pour l'*Afrique du Sud, Gibraltar* et *Hong Kong*. L'*Australie* refuse l'entrée à tout animal domestique. Pour la *France* et la *Belgique*, seul le certificat de vaccination antirabique est demandé. En *Italie*, les deux certificats sont exigés comme d'ailleurs en *Israël*, en *Argentine*, au *Brésil*, au *Mexique* et en *Tunisie*. En *Allemagne fédérale*, on ne demande que le certificat de bonne santé.

Votre Épagneul breton voyage seul

Vous avez seulement à présenter votre chien un bon moment avant le départ et surtout à être certain que la personne qui doit l'accueillir sera présente à l'arrivée. À toutes fins utiles, donnez l'adresse et le numéro de téléphone de cette personne au transporteur.

Petit lexique d'urgence

Il se pourrait que vous vous trouviez dans un pays non francophone et que vous ayez à demander des renseignements au sujet de votre compagnon. Voici quelques phrases indispensables.

Où habite le vétérinaire le plus proche?
  Anglais: Do you know where I can find a vet for my dog?
  Espagnol: ¿Donde vive el veterinario más próximo?
  Italien: Dove abita il veterinario più vicino?
  Allemand: Wo kann ich am schnellsten einen Tierarzt finden?

Où se trouve la clinique vétérinaire la plus proche? C'est urgent.
  Anglais: Where's the nearest veterinary surgery? It's an emergency.
  Espagnol: ¿Donde hay una clínica para animales cerca de aqui?
  Italien: Dove si trova la clinica veterinaria più vicina?
  Allemand: Wo finde ich die nächste Tierarztklinik? Es ist dringlich.

Y a-t-il une permanence vétérinaire de nuit? Le dimanche?
  Anglais: Is the veterinary surgery open all night and on Sundays?
  Espagnol: ¿Està abierta permanentemente la clínica durante lanoche y los domingos?
  Italien: C'è una permanenza veterinaria la notte? La domenica?
  Allemand: Gibt es dort einen Nachtdienst, einen Sonntagsdienst?

Cet hôtel, ce restaurant accepte-t-il les chiens? Y a-t-il des repas prévus pour eux?
  Anglais: May I stay in this hotel, in this restaurant, with my dog? Do you feed dogs in this hotel? In this restaurant?
  Espagnol: ¿Estàn autorizados los perros en este hotel, en este restaurante? ¿Hay comidas previstas para ellos?

> *Italien:* Questo hotel, questo ristorante, accetta i cani? Sono previsti dei pasti anche per loro?
> *Allemand:* Sind Hunde in diesem Hotel, in diesem Restaurant erlaubt? Werden die Hunde auch dort gefüttert?

J'ai égaré mon chien. Où puis-je m'adresser pour le retrouver?
> *Anglais:* I lost my dog. Where should I call to get him back?
> *Espagnol:* He perdido mi perro. ¿Donde puedo dirigirme para encontrarlo?
> *Italien:* Ho perso il mio cane. Dove posso rivolgermi?
> *Allemand:* Ich habe meinen Hund verloren. Wo soll ich mich melden um ihn wiederzufinden?

Attention à mon chien, il n'aime pas qu'on le caresse.
> *Anglais:* Beware of my dog, he doesn't like being petted.
> *Espagnol:* ¡Cuidado que a mi perro no le gusta ser acariciado!
> *Italien:* Attenzione al mio cane, non gli piace essere accarezzato.
> *Allemand:* Passen sie auf! Mein Hund mag es nicht wenn man ihn streichelt.

Vendez-vous des aliments pour chiens? Où puis-je en trouver?
> *Anglais:* Do you sell pet food? Where can I find some?
> *Espagnol:* ¿Venden ustedes alimentos para perros? ¿Donde puedo encontrar esos alimentos?
> *Italien:* Vendete alimenti per cani? Dove posso trovarne?
> *Allemand:* Führen Sie auch Futtermittel für Hunde, und wenn nicht, wo kann ich welche bekommen?

Table des matières

LA CARTE D'IDENTITÉ	9
Ses origines	11
Les traits de caractère de l'Épagneul breton	17
Ses qualités	17
Ses défauts	18
Les standards de l'Épagneul breton	23
Aspect général	23
Nez	24
Lèvres	24
Chanfrein	24
Crâne	24
Yeux	25
Oreilles	25
Cou	25
Épaules	25
Bras	26
Poitrine	26
Dos	26
Rein	26
Hanches	26

Croupe	26
Flans	27
Queue	27
Jambes de devant	27
Jambes de derrière	27
Pieds	28
Peau	28
Poil	28
Robe	28
Ensemble	29
La classification internationale	31
Les tests	37
1. Test de confiance	38
2. Test d'accompagnement	38
3. Test de contrainte	39
4. Test de domination sociale	39
5. Test de position élevée	39
Tableau de Campbell	40
LA BONNE RÉPONSE	**45**
Sa nourriture	47
À six semaines	49
Le sevrage	49
À trois mois	49
À quatre mois	50
À cinq mois	50
À six mois	50
De sept à onze mois	51
À onze et douze mois	51
La valeur nutritive des aliments	53
Son hygiène	55
Le brossage	55
Le bain	56
Les ongles	58
Les oreilles	58

Les dents	59
Les yeux	59
Les parasites	60
Sa santé	**61**
Les accidents	62
Les blessures	62
La bataille de chiens	63
L'insolation et le coup de chaleur	64
L'aggravée	65
Les chiens perdus ou épuisés	65
Les fractures	66
Les piqûres d'insectes	67
Les orties	67
L'électrocution	67
Les intoxications	68
Les brûlures	68
Les corps étrangers	69
Les épillets	70
Les morsures de reptiles	71
Le danger des élastiques	71
Les maladies	72
Les symptômes de maladie chez votre Épagneul breton	72
Les causes de maladie chez votre Épagneul breton	73
Les soins à l'Épagneul breton	74
Les parasites externes	75
Les puces	75
Les tiques	76
Les poux	76
Les mites	76
La gale sarcoptique	76
La toxocarose	77
La gale démodectique	78
La teigne	78
La dirofilariose	78

Les parasites internes	79
Les ascaris	79
Le trichuris	79
Le ver à crochet	80
Les ténias	80
Les maladies infectieuses du chien	81
La maladie de Carré (distemper)	81
L'hépatite infectieuse	82
La rage	82
Les morsures de chiens	84
La piroplasmose	84
Les affections des yeux	86
La conjonctivite	86
L'entropion	87
La kératite	87
La blépharite	87
Le glaucome	88
La dégénérescence du pigment de la cornée	88
L'ulcère chronique	88
L'ulcère de la cornée	88
La cataracte	89
Les maladies de l'oreille	90
L'otite externe	90
L'otite interne	90
L'otite moyenne	90
L'otite parasitaire	90
Traitement général des différentes otites	91
L'ulcère du pavillon	91
Diverses maladies	91
L'épilepsie	91
La gastro-entérite	92
La bronchite	93
La dysenterie	93
L'obésité	93

Les rhumatismes	95
La tuberculose	95
La constipation	96
Le tétanos	96
Le diabète	97
La nervosité excessive	97
Les maladies de la femelle	98
La grossesse nerveuse	98
Les kystes ovariens	98
L'éclampsie	98
La mammite	99
La vaginite	99
La métrite	99
La vulvite	100
Les maladies du mâle	100
L'altération du pénis	100
L'orchite	100
Les mesures préventives	100
La vaccination	101
Les parasites	101
Un régime équilibré	102
La stérilisation	102
LA BONNE CONDUITE	**105**
Ses activités	107
Son dressage	109
Le début du dressage	109
Préparation à la chasse	111
Le dressage du chiot	112
Les principes	114
Le dressage	118
Les différents exercices	121
Exercice: la marche au pied	121
Exercice: assis	123
Exercice: aboiement sur ordre	123

- Exercice: appel au pied 124
- Exercice: arrête 124
- Exercice: couché 125
- Exercice: debout 125
- Exercice: la marche derrière le maître 126
- Exercice: le saut d'obstacles 126
- Exercice: le rapport d'objets 127
- Exercice: la recherche et le rapport d'objets 127
- Exercice: la recherche d'objets ou de personnes 128
- Exercice: refuser les aliments donnés par un étranger ou trouvés 131
- Exercice: ne pas sauter sur votre mobilier 132
- Sous-estimation des capacités de votre Épagneul breton 134
- Surestimation des capacités de votre Épagneul breton 134
- La fin du dressage 134
- L'Épagneul breton vieillissant 134
- Sa vie sociale 137
  - L'Épagneul breton et les enfants 139
    - Ce que l'enfant devra vaincre 142
    - Ce que l'enfant devra accepter 143
    - Comment enseigner à un enfant à bien se conduire avec un Épagneul breton 144
  - L'Épagneul breton et les amis 144
  - L'Épagneul breton et les autres animaux 145
- La reproduction 147
  - La présentation 148
  - La gestation 150
  - La naissance 153
  - Les chiots 154
  - L'allaitement 154
  - Le sevrage 155

LE PENSE-BÊTE 157
   Le carnet de santé 159
   La trousse d'urgence 160
   Le voyage 161
      Vous le laissez à la maison 162
      Vous le laissez chez des amis 162
      Vous le mettez en pension 162
      Vous l'emmenez avec vous 163
         En voiture 163
         En train 164
         En autobus 164
         En bateau 164
         En avion 164
   Les déplacements en ville 165
   À l'étranger 165
   Votre Épagneul breton voyage seul 166
   Petit lexique d'urgence 166

DÉJÀ PARUS:

Vous et vos oiseaux de compagnie
Vous et vos poissons d'aquarium
Vous et votre Bâtard
Vous et votre Beagle
Vous et votre Beauceron
Vous et votre Berger allemand
Vous et votre Bernois
Vous et votre Bobtail
Vous et votre Boxer
Vous et votre Braque allemand
Vous et votre Briard
Vous et votre Bulldog
Vous et votre Bullmastiff
Vous et votre Caniche
Vous et votre chat de Chartreux
Vous et votre chat de gouttière
Vous et votre chat tigré
Vous et votre Chihuahua
Vous et votre Chow-Chow
Vous et votre Cockatiel
Vous et votre Cocker américain
Vous et votre Collie
Vous et votre Dalmatien
Vous et votre Danois
Vous et votre Doberman
Vous et votre Fox-terrier
Vous et votre furet
Vous et votre Golden Retriever
Vous et votre Husky
Vous et votre Labrador
Vous et votre Lévrier afghan
Vous et votre lézard
Vous et votre Lhassa apso
Vous et votre perroquet
Vous et votre Persan
Vous et votre petit rongeur
Vous et votre Rottweiler
Vous et votre Schnauzer
Vous et votre serpent
Vous et votre Setter anglais
Vous et votre Shih-tzu
Vous et votre Siamois
Vous et votre Teckel
Vous et votre Terre-Neuve
Vous et votre Tervueren
Vous et votre tortue
Vous et votre Yorkshire

Ouvrages parus aux Éditions de l'Homme

Affaires et vie pratique

* * 1001 prénoms, leur origine, leur signification, Jeanne Grisé-Allard
* * Acheter et vendre sa maison ou son condominium, Lucille Brisebois
* * Acheter une franchise, Pierre Levasseur
* * Les assemblées délibérantes, Francine Girard
* * La bourse, Mark C. Brown
* * Le chasse-insectes dans la maison, Odile Michaud
* * Le chasse-insectes pour jardins, Odile Michaud
* Le chasse-taches, Jack Cassimatis
* * Choix de carrières — Après le collégial professionnel, Guy Milot
* * Choix de carrières — Après le secondaire V, Guy Milot
* * Choix de carrières — Après l'université, Guy Milot
* * Comment cultiver un jardin potager, Jean-Claude Trait
* Comment rédiger son curriculum vitæ, Julie Brazeau
* * Comprendre le marketing, Pierre Levasseur
* * La couture de A à Z, Rita Simard
* Des pierres à faire rêver, Lucie Larose
* * Des souhaits à la carte, Clément Fontaine
* * Devenir exportateur, Pierre Levasseur
* * L'entretien de votre maison, Consumer Reports Books
* L'étiquette des affaires, Elena Jankovic
* * Faire son testament soi-même, Me Gérald Poirier et Martine Nadeau Lescault
* Les finances, Laurie H. Hutzler
* Gérer ses ressources humaines, Pierre Levasseur
* La graphologie, Claude Santoy
* * Le guide complet du jardinage, Charles L. Wilson
* * Le guide de l'auto 93, D. Duquet, M. Lachapelle et J. Duval
* * Le guide des bars de Montréal 93, Lili Gulliver
* * Le guide des bons restaurants de Montréal et d'ailleurs 93, Josée Blanchette
* * Le guide des plantes d'intérieur, Coen Gelein
* * Guide du jardinage et de l'aménagement paysager au Québec, Benoit Prieur
* * Le guide du vin 93, Michel Phaneuf
* * Le guide floral du Québec, Florian Bernard
* Guide pratique des vins de France, Jacques Orhon
* J'aime les azalées, Josée Deschênes
* * J'aime les bulbes d'été, Sylvie Regimbal
* J'aime les cactées, Claude Lamarche
* * J'aime les conifères, Jacques Lafrenière
* * J'aime les petits fruits rouges, Victor Berti
* J'aime les rosiers, René Pronovost
* J'aime les tomates, Victor Berti
* J'aime les violettes africaines, Robert Davidson
* J'apprends l'anglais..., Gino Silicani et Jeanne Grisé-Allard
* Le jardin d'herbes, John Prenis
* * Lancer son entreprise, Pierre Levasseur
* Le leadership, James J. Cribbin
* * La loi et vos droits, Me Paul-Émile Marchand
* Le meeting, Gary Holland
* Mieux comprendre sa vie de travail, Claude Poirier et Nicole Gravel
* * Mon automobile, Gouvernement du Québec et Collège Marie-Victorin

Notre mariage — Étiquette et planification, Marguerite du Coffre
Nouveaux profils de carrière, Claire Landry
L'orthographe en un clin d'œil, Jacques Laurin
* Ouvrir et gérer un commerce de détail, C. D. Roberge et A. Charbonneau
Le patron, Cheryl Reimold
* Piscines, barbecues et patios, Collectif
* La prévention du crime, Collectif
* Prévoir les belles années de la retraite, Michael Gordon
Les relations publiques, Richard Doin et Daniel Lamarre
* Les secrets d'une succession sans chicane, Justin Dugal
La taxidermie moderne, Jean Labrie
* Les techniques de jardinage, Paul Pouliot
Techniques de vente par téléphone, James D. Porterfield
* Tests d'aptitude pour mieux choisir sa carrière, Linda et Barry Gale
* Tout ce que vous devez savoir sur le condominium, Robert Dubois
Une carrière sur mesure, Denise Lemyre-Desautels
L'univers de l'astronomie, Robert Tocquet
La vente, Tom Hopkins

Affaires publiques, vie culturelle, histoire

* La baie d'Hudson, Peter C. Newman
Bourassa, Michel Vastel
Les cathédrales de la mer, Marie-Josée Ouellet
Claude Léveillée, Daniel Guérard
* Les conquérants des grands espaces, Peter C. Newman
* Dans la tempête — Le cardinal Léger et la révolution tranquille, Micheline Lachance
La découverte de l'Amérique, Timothy Jacobson
* Duplessis, tome 1 — L'ascension, Conrad Black
* Les écoles de rang au Québec, Jacques Dorion
* L'establishment canadien, Peter C. Newman
Étoiles et molécules, Élizabeth Teissier et Henri Laborit
* Le frère André, Micheline Lachance
La généalogie, Marthe F. Beauregard et Ève B. Malak
Gilles Villeneuve, Gerald Donaldson
Gretzky — Mon histoire, Wayne Gretzky et Rick Reilly
L'histoire du CN, Donald MacKay
Initiation à la symphonie, Marcelle Guertin
Les insolences du frère Untel, Jean-Paul Desbiens
* Jacques Parizeau, un bâtisseur, Laurence Richard
Montréal, métropole du Québec, Michel Lessard
* Les mots de la faim et de la soif, Hélène Matteau
* Notre Clémence, Hélène Pedneault
* Option Québec, René Lévesque
Parce que je crois aux enfants, Andrée Ruffo
Plamondon — Un cœur de rockeur, Jacques Godbout
* Pleins feux sur les... services secrets canadiens, Richard Cléroux
Le prince de l'église, Micheline Lachance
* Les princes marchands, Peter C. Newman
Québec, ville du Patrimoine mondial, Michel Lessard
* Les Quilico, Ruby Mercer
Sauvez votre planète!, Marjorie Lamb
* La sculpture ancienne au Québec, John R. Porter et Jean Bélisle
* Le temps des fêtes au Québec, Raymond Montpetit
Trudeau le Québécois, Michel Vastel

Animaux

Le chat de A à Z, Camille Olivier
Le cheval, Michel-Antoine Leblanc
Le chien dans votre vie, Matthew Margolis et Catherine Swan
L'éducation canine, Gilles Chartier
L'éducation du chien de 0 à 6 mois, Dr Joël Dehasse et Dr Colette de Buyser
*Encyclopédie des oiseaux du Québec, W. Earl Godfrey
Le guide de l'oiseau de compagnie, Dr R. Dean Axelson
*Mon chat, le soigner, le guérir, Dr Christian d'Orangeville
*Nos animaux, D. W. Stokes et L. Q. Stokes
*Nos oiseaux, tome 1, Donald W. Stokes
*Nos oiseaux, tome 2, Donald W. Stokes et Lillian Q. Stokes
*Nos oiseaux, tome 3, Donald W. Stokes et Lillian Q. Stokes
*Nourrir nos oiseaux toute l'année, André Dion et André Demers
Vous et vos oiseaux de compagnie, Jacqueline Huard-Viaux
Vous et vos poissons d'aquarium, Sonia Ganiel
Vous et votre bâtard, Ata Mamzer
Vous et votre Beagle, Martin Eylat
Vous et votre Beauceron, Pierre Boistel
Vous et votre Berger allemand, Martin Eylat
Vous et votre Bernois, Pierre Van Der Heyden
Vous et votre Bobtail, Pierre Boistel
Vous et votre Boxer, Sylvain Herriot
Vous et votre Braque allemand, Martin Eylat
Vous et votre Briard, Pierre Van Der Heyden
Vous et votre Bulldog, Pierre Van Der Heyden
Vous et votre Bullmastiff, Pierre Van Der Heyden
Vous et votre Caniche, Sav Shira
Vous et votre Chartreux, Odette Eylat
Vous et votre chat de gouttière, Annie Mamzer
Vous et votre chat tigré, Odette Eylat
Vous et votre Chihuahua, Martin Eylat
Vous et votre Chow-chow, Pierre Boistel
Vous et votre Cockatiel (Perruche callopsite), Michèle Pilotte
Vous et votre Collie, Léon Éthier
Vous et votre Dalmatien, Martin Eylat
Vous et votre Danois, Martin Eylat
Vous et votre Doberman, Paula Denis
Vous et votre Épagneul breton, Sylvain Herriot
Vous et votre furet, Manon Paradis
Vous et votre Husky, Martin Eylat
Vous et votre Labrador, Pierre Van Der Heyden
Vous et votre Lévrier afghan, Martin Eylat
Vous et votre lézard, Michèle Pilotte
Vous et votre Loulou de Poméranie, Martin Eylat
Vous et votre perroquet, Michèle Pilotte
Vous et votre perruche ondulée, Michèle Pilotte
Vous et votre petit rongeur, Martin Eylat
Vous et votre Rottweiler, Martin Eylat
Vous et votre Schnauzer, Martin Eylat
Vous et votre serpent, Guy Deland
Vous et votre Setter anglais, Martin Eylat
Vous et votre Siamois, Odette Eylat
Vous et votre Teckel, Pierre Boistel
Vous et votre Terre-Neuve, Marie-Edmée Pacreau
Vous et votre Tervueren, Pierre Van Der Heyden
Vous et votre tortue, André Gaudette
Vous et votre Westie, Léon Éthier
Vous et votre Yorkshire, Sandra Larochelle

Cuisine et nutrition

* À table avec sœur Angèle, Sœur Angèle
  Les aliments qui guérissent, Jean Carper
  Le barbecue, Patrice Dard
* Bien manger sans se serrer la ceinture, Marie Breton
  Bonne table et bon cœur, Anne Lindsay
  Cocktails de fruits non alcoolisés, Lorraine Whiteside
  Combler ses besoins en calcium, Denyse Hunter
* Comme chez grand-maman Biondi, J. Biondi et C. Lanzillotta
  Comment nourrir son enfant, Louise Lambert-Lagacé
  Le compte-calories, Micheline Brault-Dubuc et Liliane Caron-Lahaie
  Le compte-cholestérol, M. Brault-Dubuc et L. Caron-Lahaie
  La congélation de A à Z, Joan Hood
  Les conserves, Sœur Berthe
* Crème glacée et sorbets, Yves Lebuis et Gilbert Pauzé
  La cuisine au wok, Charmaine Solomon
  Cuisine aux micro-ondes 1 et 2 portions, Marie-Paul Marchand
* La cuisine chinoise traditionnelle, Jean Chen
* La cuisine joyeuse de sœur Angèle, Sœur Angèle
  Cuisiner avec le four à convection, Jehane Benoit
* Cuisine santé pour les aînés, Denyse Hunter
  Le défi alimentaire de la femme, Louise Lambert-Lagacé
* La diète rotation, Dr Martin Katahn
  Du moût ou du raisin? Faites vous-même votre vin, Claudio Bartolozzi
  Faire son pain soi-même, Janice Murray Gill
* Faire son vin soi-même, André Beaucage
  La fine cuisine aux micro-ondes, Patrice Dard
* Le livre du café, Julien Letellier
* Menus et recettes du défi alimentaire de la femme, Louise Lambert-Lagacé
  Menus pour recevoir, Julien Letellier
  Micro-ondes plus, Marie-Paul Marchand
* Modifiez vos recettes traditionnelles, Denyse Hunter
  Les muffins, Angela Clubb
* La nouvelle boîte à lunch, Louise Desaulniers et Louise Lambert-Lagacé
  La nouvelle cuisine micro-ondes, Marie-Paul Marchand et Nicole Grenier
  La nouvelle cuisine micro-ondes II, Marie-Paul Marchand et Nicole Grenier
* Papa, j'ai faim!, Solange Micar
* Les pâtes, Julien Letellier
* La pâtisserie, Maurice-Marie Bellot
  La sage bouffe de 2 à 6 ans, Louise Lambert-Lagacé
  Les tisanes qui font merveille, Dr Leonhard Hochenegg et Anita Höhne
  Une cuisine sage, Louise Lambert-Lagacé
* Votre régime contre l'acné, Alan Moyle
* Votre régime contre la colite, Joan Lay
* Votre régime contre la cystite, Ralph McCutcheon
* Votre régime contre l'arthrite, Helen MacFarlane
* Votre régime contre la sclérose en plaque, Rita Greer
* Votre régime contre l'asthme et le rhume des foins, R. Newman Turner
* Votre régime contre le diabète, Martin Budd
* Votre régime contre le psoriasis, Harry Clements
* Votre régime pour contrôler le cholestérol, R. Newman Turner
* Weight Watchers — La cuisine légère, Weight Watchers
* Les yogourts glacés, Mable et Gar Hoffman

Plein air, sports, loisirs

* L'ABC du bridge, Frank Stewart et Randall Baron
  Almanach chasse et pêche 93, Alain Demers
  Apprenez à patiner, Gaston Marcotte
  L'arc et la chasse, Greg Guardo
  Les armes de chasse, Charles Petit-Martinon
  L'art du pliage du papier, Robert Harbin
  La basse sans professeur, Laurence Canty
  La batterie sans professeur, James Blades et Johnny Dean
* La bicyclette, Jean Corbeil
  Le bridge, Viviane Beaulieu
  Carte et boussole, Björn Kjellström
  Le chant sans professeur, Graham Hewitt
  La clarinette sans professeur, John Robert Brown
  Le clavier électronique sans professeur, Roger Evans
* Les clés du scrabble, Pierre-André Sigal et Michel Raineri
* Comment vivre dans la nature, Bill Rivière et l'équipe de L. L. Bean
  Le conditionnement physique, Richard Chevalier, Serge Laferrière et Yves Bergeron
* Construire des cabanes d'oiseaux, André Dion
  Corrigez vos défauts au golf, Yves Bergeron
  Culture hydroponique, Richard E. Nicholls
* Le curling, Ed Lukowich
  De la hanche aux doigts de pieds — Guide santé pour l'athlète, M. J. Schneider et M. D. Sussman
  Devenir gardien de but au hockey, François Allaire
  Le dictionnaire des bruits, Jean-Claude Trait et Yvon Dulude
* Les éphémères du pêcheur québécois, Yvon Dulude
* Exceller au baseball, Dick Walker
* Exceller au football, James Allen
* Exceller au softball, Dick Walker
* Exceller au tennis, Charles Bracken
* Exceller en natation, Gene Dabney
  La flûte traversière sans professeur, Howard Harrison
  Le golf au féminin, Yves Bergeron et André Maltais
  Grandir en 100 exercices, Henri B. Zimmer
  Le grand livre des sports, Le groupe Diagram
  Le guide complet du judo, Louis Arpin
  Le guide complet du self-defence, Louis Arpin
* Le guide de la chasse, Jean Pagé
  Le guide de l'alpinisme, Massimo Cappon
* Le guide de la pêche au Québec, Jean Pagé
* Le guide des auberges et relais de campagne du Québec, François Trépanier
* Le guide des 52 week-ends au Québec 93, André Bergeron
  Le guide des destinations soleil 93, André Bergeron
  Guide des jeux scouts, Association des Scouts du Canada
  Le guide de survie de l'armée américaine, Collectif
* Guide de survie en forêt canadienne, Jean-Georges Desheneaux
  La guitare, Peter Collins
  La guitare électrique sans professeur, Robert Rioux
  La guitare sans professeur, Roger Evans
* J'apprends à nager, Régent la Coursière
* Je me débrouille à la chasse, Gilles Richard
* Je me débrouille à la pêche, Serge Vincent
  Jeux pour rire et s'amuser en société, Claudette Contant
* Jouez gagnant au golf, Luc Brien et Jacques Barrette
  Jouons au scrabble, Philippe Guérin
  Le karaté Koshiki, Collectif
  Le karaté Kyokushin, André Gilbert

Le livre des patiences, Maria Bezanovska et Paul Kitchevats
* Maîtriser son doigté sur un clavier, Jean-Paul Lemire
  Manuel de pilotage, Transport Canada
  Le manuel du monteur de mouches, Mike Dawes
  Le marathon pour tous, Pierre Anctil, Daniel Bégin et Patrick Montuoro
  La médecine sportive, Dr Gabe Mirkin et Marshall Hoffman
  La musculation pour tous, Serge Laferrière
* La nature en hiver, Donald W. Stokes
* Nos oiseaux en péril, André Dion
* Les papillons du Québec, Christian Veilleux et Bernard Prévost
* Partons en camping!, Archie Satterfield et Eddie Bauer
  Les passes au hockey, Claude Chapleau, Pierre Frigon et Gaston Marcotte
  Le piano jazz sans professeur, Bob Kail
  Le piano sans professeur, Roger Evans
  La planche à voile, Gérald Maillefer
  La plongée sous-marine, Richard Charron
  Le programme 5BX, pour être en forme,
* Racquetball, Jean Corbeil
* Racquetball plus, Jean Corbeil
  Les règles du golf, Yves Bergeron
* Rivières et lacs canotables du Québec, Fédération québécoise du canot-camping
  S'améliorer au tennis, Richard Chevalier
  Le saumon, Jean-Paul Dubé
  Le saxophone sans professeur, John Robert Brown
* Le scrabble, Daniel Gallez
  Les secrets du baseball, Jacques Doucet et Claude Raymond
  Le solfège sans professeur, Roger Evans
  La technique du ski alpin, Stu Campbell et Max Lundberg
  Techniques du billard, Robert Pouliot
  Le tennis, Denis Roch
* Le tissage, Germaine Galerneau et Jeanne Grisé-Allard
  Tous les secrets du golf selon Arnold Palmer, Arnold Palmer
  La trompette sans professeur, Digby Fairweather
* Les vacances en famille: comment s'en sortir vivant, Erma Bombeck
  Le violon sans professeur, Max Jaffa
* Le vitrail, Claude Bettinger
  Voir plus clair aux échecs, Henri Tranquille et Louis Morin
  Le volley-ball, Fédération de volley-ball

Psychologie, vie affective, vie professionnelle, sexualité

* 30 jours pour un plus grand épanouissement sexuel, Alan Schneider et Deidre Laiken
  20 minutes de répit, Ernest Lawrence Rossi et David Nimmons
* Adieu Québec, André Bureau
  À dix kilos du bonheur, Danielle Bourque
  Aider mon patron à m'aider, Eugène Houde
  À la découverte de mon corps — Guide pour les adolescentes, Lynda Madaras
  À la découverte de mon corps — Guide pour les adolescents, Lynda Madaras
  L'amour comme solution, Susan Jeffers
  L'amour, de l'exigence à la préférence, Lucien Auger
  Les années clés de mon enfant, Frank et Theresa Caplan
* Apprendre à lire et à écrire au primaire, René Bélanger
  Apprivoiser l'ennemi intérieur, Dr George R. Bach et Laura Torbet
  L'approche émotivo-rationnelle, Albert Ellis et Robert A. Harper
  L'art de l'allaitement maternel, Ligue internationale La Leche
  L'art de parler en public, Ed Woblmuth
  L'art d'être parents, Dr Benjamin Spock
  L'autodéveloppement, Jean Garneau et Michelle Larivey

Avoir un enfant après 35 ans, Isabelle Robert
Balance en amour, Linda Goodman
Bientôt maman, Janet Whalley, Penny Simkin et Ann Keppler
*Le bonheur au travail, Alan Carson et Robert Dunlop
Le bonheur possible, Robert Blondin
Ces hommes qui méprisent les femmes... et les femmes qui les aiment, Dr Susan Forward et Joan Torres
Ces hommes qui ne peuvent être fidèles, Carol Botwin
Ces visages qui en disent long, Jeanne-Élise Alazard
Changer ensemble — Les étapes du couple, Susan M. Campbell
Chère solitude, Jeffrey Kottler
Le cœur en écharpe, Stephen Gullo et Connie Church
Comment aider mon enfant à ne pas décrocher, Lucien Auger
Comment communiquer avec votre adolescent, E. Weinhaus et K. Friedman
Comment déborder d'énergie, Jean-Paul Simard
Comment garder son homme, Alexandra Penney
*Comment parler en public, S. Barrat et C. H. Godefroy
*La communication... c'est tout!, Henri Bergeron
Le complexe de Casanova, Peter Trachtenberg
Comprendre et interpréter vos rêves, Michel Devivier et Corinne Léonard
Découvrez votre quotient intellectuel, Victor Serebriakoff
Découvrir un sens à sa vie avec la logothérapie, Viktor E. Frankl
Le défi de vieillir, Hubert de Ravinel
*De ma tête à mon cœur, Micheline Lacasse
La deuxième année de mon enfant, Frank et Theresa Caplan
*Dieu ne joue pas aux dés, Henri Laborit
Les douze premiers mois de mon enfant, Frank Caplan
Les écarts de conduite, Dr John Pearce
En attendant notre enfant, Yvette Pratte Marchessault
Les enfants de l'autre, Erna Paris
*L'enfant unique — Enfant équilibré, parents heureux, Ellen Peck
L'esprit du grenier, Henri Laborit
Êtes-vous faits l'un pour l'autre?, Ellen Lederman
*L'étonnant nouveau-né, Marshall H. Klaus et Phyllis H. Klaus
Être soi-même, Dorothy Corkille Briggs
Évoluer avec ses enfants, Pierre-Paul Gagné
Exercices aquatiques pour les futures mamans, Joanne Dussault et Claudia Demers
La femme indispensable, Ellen Sue Stern
Finies les phobies!, Dr Manuel D. Zane et Harry Milt
La flexibilité — Savoir changer, c'est réussir, P. Donovan et J. Wonder
La force intérieure, J. Ensign Addington
Gémeaux en amour, Linda Goodman
Le grand manuel des arts divinatoires, Sasha Fenton
*Le grand manuel des cristaux, Ursula Markham
Les grands virages — Comment tirer parti de tous les imprévus de la vie, R. H. Lauer et J. C. Lauer
La graphologie au service de votre vie intime et professionnelle, Claude Santoy
Guérir des autres, Albert Glaude
Le guide du succès, Tom Hopkins
L'histoire merveilleuse de la naissance, Jocelyne Robert
L'horoscope chinois 1993, Neil Somerville
L'infidélité, Wendy Leigh
L'intuition, Philip Goldberg
J'aime, Yves Saint-Arnaud
J'ai quelque chose à vous dire..., B. Fairchild et N. Hayward
J'ai rendez-vous avec moi, Micheline Lacasse
Le journal intime intensif, Ira Progoff
Le langage du corps, Julius Fast
Le mal des mots, Denise Thériault
Ma sexualité de 0 à 6 ans, Jocelyne Robert

Ma sexualité de 6 à 9 ans, Jocelyne Robert
Ma sexualité de 9 à 12 ans, Jocelyne Robert
La méditation transcendantale, Jack Forem
Le mensonge amoureux, Robert Blondin
Mon enfant naîtra-t-il en bonne santé?, Jonathan Scher et Carol Dix
Nous, on en parle, Marcelle Lamarche et Pol Danheux
Parle-moi... j'ai des choses à te dire, Jacques Salomé
Parlez-leur d'amour, Jocelyne Robert
Parlez pour qu'on vous écoute, Michèle Brien
Pas de panique!, Dr R. Reid Wilson
Penser heureux — La conquête du bonheur, image par image, Lucien Auger
Père manquant, fils manqué, Guy Corneau
Les peurs infantiles, Dr John Pearce
*Les plaisirs du stress, Dr Peter G. Hanson
Pourquoi l'autre et pas moi? — Le droit à la jalousie, Dr Louise Auger
Préparez votre enfant à l'école dès l'âge de 2 ans, Louise Doyon
Prévenir et surmonter la déprime, Lucien Auger
Le principe de Peter, L. J. Peter et R. Hull
Psychologie de l'enfant de 0 à 10 ans, Françoise Cholette-Pérusse
*La puberté, Angela Hines
La puissance de la vie positive, Norman Vincent Peale
La puissance de l'intention, Richard J. Leider
La question qui sauvera mon mariage, Harry P. Dunne
S'affirmer et communiquer, Jean-Marie Boisvert et Madeleine Beaudry
S'aider soi-même davantage, Lucien Auger
Se comprendre soi-même par des tests, Collaboration
Se connaître soi-même, Gérard Artaud
Secrets d'alcôve, Iris et Steven Finz
Les secrets de la flexibilité, Priscilla Donovan et Jacquelyn Wonder
Se guérir de la sottise, Lucien Auger
S'entraider, Jacques Limoges
La sexualité du jeune adolescent, Dr Lionel Gendron
Si je m'écoutais je m'entendrais, Jacques Salomé et Sylvie Galland
Si seulement je pouvais changer!, Patrick Lynes
Les soins de la première année de bébé, Paula Kelly
Stress et succès, Peter G. Hanson
*Superlady du sexe, Susan C. Bakos
Survivre au divorce, Dr Allan J. Adler et Christine Archambault
Le syndrome de la fatigue chronique, Edmund Blair Bolles
Le syndrome de la corde au cou, Sonya Rhodes et Marlin S. Potash
La tendresse, Nobert Wölfl
Tout se joue avant la maternelle, Masaru Ibuka
Transformer ses faiblesses en forces, Dr Harold Bloomfield
Travailler devant un écran, Dr Helen Feeley
*Un monde insolite, Frank Edwards
*Un second souffle, Diane Hébert
Verseau en amour, Linda Goodman
*La vie antérieure, Henri Laborit
Vivre avec un cardiaque, Rhoda F. Levin
Vouloir c'est pouvoir, Raymond Hull

Santé, beauté

30 jours pour cesser de fumer, Gary Holland et Herman Weiss
Alzheimer — Le long crépuscule, Donna Cohen et Carl Eisdorfer
L'arthrite, Dr Michael Reed Gach
Le cancer du sein, Dr Carol Fabian et Andrea Warren
*Comment arrêter de fumer pour de bon, Kieron O'Connor, Robert Langlois et Yves Lamontagne

De belles jambes à tout âge, Dr Guylaine Lanctôt
Dormez comme un enfant, John Selby
Dos fort bon dos, David Imrie et Lu Barbuto
Être belle pour la vie, Bronwen Meredith
Le guide complet des cheveux, Philip Kingsley
L'hystérectomie, Suzanne Alix
L'impuissance, Dr Pierre Alarie et Dr Richard Villeneuve
Initiation au shiatsu, Yuki Rioux
Maigrir: la fin de l'obsession, Susie Orbach
Le manuel Johnson & Johnson des premiers soins, Dr Stephen Rosenberg
Les maux de tête chroniques, Antonia Van Der Meer
Maux de tête et migraines, Dr Jacques P. Meloche et J. Dorion
Mini-massages, Jack Hofer
Perdre son ventre en 30 jours, Nancy Burstein
Principe de la technique respiratoire, Julie Lefrançois
Programme XBX de l'aviation royale du Canada, Collectif
Le régime hanches et cuisses, Rosemary Conley
Le rhume des foins, Roger Newman Turner
Ronfleurs, réveillez-vous!, Jocelyne Delage et Jacques Piché
Savoir relaxer — Pour combattre le stress, Dr Edmund Jacobson
Soignez vos pieds, Dr Glenn Copeland et Stan Solomon
Le supermassage minute, Gordon Inkeles
Le syndrome prémenstruel, Dr Caroline Shreeve
Vivre avec l'alcool, Louise Nadeau

Ouvrages parus au Jour

Affaires, loisirs, vie pratique

L'affrontement, Henri Lamoureux
Les bains flottants, Michael Hutchison
Le cœur de la baleine bleue, Jacques Poulin
Conte pour buveurs attardés, Michel Tremblay
* La France à la québécoise, André Bergeron et Émile Roberge
* Le guide du répondeur bien branché, Robert Blondin et Lucie Dumoulin
J'avais oublié que l'amour fût si beau, Évette Doré-Joyal
Jean-Paul ou les hasards de la vie, Marcel Bellier
Oslovik fait la bombe, Oslovik

Ésotérisme, santé, spiritualité

L'astrologie pratique, Wofgang Reinicke
Couper du bois, porter de l'eau — Comment donner une dimension spirituelle à la vie de tous les jours, Collectif
De l'autre côté du miroir, Johanne Hamel
Le grand livre de la cartomancie, Gerhard von Lentner
Grand livre des horoscopes chinois, Theodora Lau
Grossesses à risque et infertilité — Les solutions possibles, Diana Raab
Les hormones dans la vie des femmes, Dr Lois Javanovic et Genell J. Subak-Sharpe
Les maladies mentales, John M. Cleghorn et Betty Lou Lee
Pour en finir avec l'hystérectomie, Dr Vicki Hufnagel et Susan K. Golant
Pouvoir analyser ses rêves, Robert Bosnak
Le pouvoir de l'auto-hypnose, Stanley Fisher
Traité d'astrologie, Huguette Hirsig

Essais et documents

* 1759 La bataille du Canada, Laurier L. LaPierre
17 tableaux d'enfant, Pierre Vadeboncoeur
* L'accord, Georges Mathews
L'administration et le développement coopératif, Marcel Laflamme et André Roy
À la recherche d'un monde oublié, N. Laurin, D. Juteau et L. Duchesne
* Les années Trudeau — La recherche d'une société juste, T. S. Axworthy et P. E. Trudeau
* Le Canada aux enchères, Linda McQuaid
Carmen Quintana te parle de liberté, André Jacob
Le Dragon d'eau, R. F. Holland
* Elle sera poète, elle aussi! Liliane Blanc
En première ligne, Jocelyn Coulon
* Femmes de parole, Yolande Cohen
* Femmes et politique, Yolande Cohen, Andrée Yanacopoulo et Nicole Brossard
* Les femmes sont-elles allées trop loin?, Francine Burnonville
Le français, langue du Québec, Camille Laurin
* Goodbye... et bonne chance!, David J. Bercuson et Barry Cooper
* Hans Selye ou la cathédrale du stress, Andrée Yanacopoulo

Hiérarchie ethnique dans la grande entreprise, Jean-Marie Rainville
L'histoire des femmes au Québec, Le collectif Clio
Jacques Cartier - L'odyssée intime, Georges Cartier
La maison de mon père, Sylvia Fraser
Les mythes à travers les âges, Joseph Campbell

Psychologie, vie affective, vie professionnelle, sexualité

L'accompagnement au soir de la vie, Andrée Gauvin et Roger Régnier
Adieu, Dr Howard M. Halpern
Adieu la rancune, James L. Creighton
L'agressivité créatrice, Dr George R. Bach et Dr Herb Goldberg
Aimer, c'est choisir d'être heureux, Barry Neil Kaufman
Aimer son prochain comme soi-même, Joseph Murphy
L'amour lucide, Gay Hendricks et Kathlyn Hendricks
L'amour obession, Dr Susan Foward
Apprendre à vivre et à aimer, Léo Buscaglia
Arrête! tu m'exaspères — Protéger son territoire, Dr George Bach et Ronald Deutsch
L'art d'engager la conversation et de se faire des amis, Don Gabor
L'art de vivre heureux, Josef Kirschner
Au centre de soi, Dr Eugene T. Gendlin
Augmentez la puissance de votre cerveau, A. Winter et R. Winter
L'autosabotage, Michel Kuc
Bien vivre ensemble, Dr William Nagler et Anne Androff
Le bonheur, c'est un choix, Barry Neil Kaufman
Le burnout, Collectif
La célébration sexuelle, Ma Premo et M. Geet Éthier
Ces hommes qui ne communiquent pas, Steven Naifeh et Gregory White Smith
C'est pas la faute des mère!, Paula J. Caplan
Ces vérités vont changer votre vie, Joseph Murphy
Comment aimer vivre seul, Lynn Shanan
Comment apprendre l'autodiscipline aux enfants, Thomas Gordon
Comment décrocher, Barbara Mackoff
Comment faire l'amour à la même personne pour le reste de votre vie,
    Dagmar O'Connor
Comment faire l'amour à une femme, Michael Morgenstern
Comment faire l'amour à un homme, Alexandra Penney
Comment faire l'amour ensemble, Alexandra Penney
Communication efficace, Linda Adams
Contacts en or avec votre clientèle, Carol Sapin Gold
Dire oui à l'amour, Léo Buscaglia
Dominez les émotions qui vous détruisent, Dr Robert Langs
La dynamique mentale, Christian H. Godefroy
Les enfants hyperactifs et lunatiques, Dr Guy Falardeau
L'éveil de votre puissance intérieure, Anthony Robins
Exit final — Pour une mort dans la dignité, Derek Humphry
Faites la paix avec votre belle-famille, P. Bilofsky et F. Sacharow
La famille moderne et son avenir, Lyn Richards
La fille de son père, Linda Schierse Leonard
La Gestalt, Erving et Miriam Polster
Le grand voyage, Tom Harpur
L'héritage spirituel d'une enfance difficile, Josef Kirschner
L'homme sans masque, Herb Goldberg
L'influence de la couleur, Betty Wood
Jouer le tout pour le tout, Carl Frederick
Maîtriser son destin, Josef Kirschner
* Les manipulateurs, E. L. Shostrom et D. Montgomery
Le miracle de votre esprit, Dr Joseph Murphy

Née pour se taire, Dana Crowley Jack
Négocier — entre vaincre et convaincre, Dr Tessa Albert Warschaw
Nos crimes imaginaires, Lewis Engel et Tom Ferguson
Nouvelles relations entre hommes et femmes, Herb Goldberg
Option vérité, Will Schutz
L'oracle de votre subconscient, Dr Joseph Murphy
Parent au pouvoir, John Rosemond
Parlez pour qu'on vous écoute, Michèle Brien
Paroles de jeunes, Barry Neil Kaufman
*La personnalité, Léo Buscaglia
Le pouvoir de la motivation intérieure, Shad Helmstetter
Le pouvoir de votre cerveau, Barbara B. Brown
La puissance de la pensée positive, Norman Vincent Peale
La puissance de votre subconscient, Dr Joseph Murphy
*La rage au cœur, Martine Langelier
Réfléchissez et devenez riche, Napoleon Hill
Retrouver l'enfant en soi, John Bradshaw
S'affirmer — Savoir prendre sa place, R. E. Alberti et M. L. Emmons
S'affranchir de la honte, John Bradshaw
La sagesse du cœur, Karen A. Signell
S'aimer ou le défi des relations humaines, Léo Buscaglia
Savoir quand quitter, Jack Barranger
Secrets de famille, Harriet Webster
Les secrets de la communication, Richard Bandler et John Grinder
Seuls ensemble, Dan Kiley
Le succès par la pensée constructive, Napoleon Hill
La survie du couple, John Wright
Tous les hommes le font, Michel Dorais
Triomphez de vous-même et des autres, Dr Joseph Murphy
*Trop peu de sexe... trop peu d'amour, Jonathan Kramer et Diane Dunaway
Un homme au dessert, Sonya Friedman
Uniques au monde!, Jeanette Biondi
Vivre avec les imperfections de l'autre, Dr Louis H. Janda
Vivre avec passion, David Gershon et Gail Straub
Volez de vos propres ailes, Howard M. Halpern
Votre corps vous parle, écoutez-le, Henry G. Tietze
Votre talon d'Achille, Dr Harold Bloomfield

---

* Pour l'Amérique du Nord seulement. (0608)

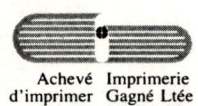

Achevé Imprimerie
d'imprimer Gagné Ltée
au Canada Louiseville